"双碳"目标下天然气发电的战略定位及发展路径研究

刘凡　李海◎著

中国经济出版社
CHINA ECONOMIC PUBLISHING HOUSE
北　京

图书在版编目（CIP）数据

“双碳”目标下天然气发电的战略定位及发展路径研究 / 刘凡，李海著. -- 北京 : 中国经济出版社，2025. 6. -- ISBN 978-7-5136-8246-6

Ⅰ. F426.61

中国国家版本馆 CIP 数据核字第 202573WS96 号

责任编辑　冀　意
责任印制　李　伟
封面设计　久品轩

出版发行　中国经济出版社
印 刷 者　宝蕾元仁浩（天津）印刷有限公司
经 销 者　各地新华书店
开　　本　710mm × 1000mm　1/16
印　　张　12
字　　数　163 千字
版　　次　2025 年 6 月第 1 版
印　　次　2025 年 6 月第 1 次
定　　价　98.00 元
广告经营许可证　京西工商广字第 8179 号

中国经济出版社　**网址** http://epc.sinopec.com/epc/　**社址** 北京市东城区安定门外大街 58 号　**邮编** 100011
本版图书如存在印装质量问题，请与本社销售中心联系调换（联系电话：010-57512564）

序 言

2020 年 9 月，习近平主席在第七十五届联合国大会一般性辩论上郑重宣布：“中国将提高国家自主贡献力度，采取更加有力的政策和措施，二氧化碳排放力争于 2030 年前达到峰值，努力争取 2060 年前实现碳中和。”这一承诺彰显了我国应对气候变化的坚定决心，是党中央统筹国内国际两个大局作出的重大战略决策，意味着我国能源结构将迎来深刻且系统的变革。

2021 年，中央财经委员会第九次会议强调了构建新型电力系统的重要性；2022 年，党的二十大报告进一步提出“加快规划建设新型能源体系”。这些政策的出台，展现出党中央在新时代新征程中对能源高质量发展的新部署与新要求，反映出党中央对全球能源发展趋势的深刻洞察，以及为实现碳达峰碳中和目标（以下简称“双碳”目标）所采取的积极而审慎的措施。

实现碳达峰碳中和，是立足新发展阶段、贯彻新发展理念、构建新发展格局、推动高质量发展的内在要求，是着力解决资源环境约束突出问题、实现中华民族永续发展的必然选择，也是构建人类命运共同体的庄严承诺。

自“十四五”规划实施以来，我国能源结构的绿色低碳转型步伐加快，呈现诸多新趋势和新特征。特别值得一提的是，风能和太阳能发电实现了跨越式增长，已经成为我国新增电力装机的主要力量，并且我们已经提前 6 年多实现了在气候雄心峰会上所承诺的“到 2030 年，中国风电和太阳能发电的总装机容量将达到 12 亿千瓦以上”的目标。然而，新能源发电在迅猛发展的同时，也给电力系统的安全稳定运行带来了新的挑战，电力系统调节能力不足的问题日益突出。

从全球范围来看，天然气发电（以下简称“气电”）是公认的优质调节资源，也是许多发达经济体的主力调节电源，在欧洲、美国、日本等国家和地区具有较大的规模。然而，受发展历程、资源禀赋、技术装备、成本价格等因素影响，我国天然气发电发展起步较晚，虽然保持逐年增长，但装机容量和发电量在整个电力系统中的占比不高。因此，一直以来天然气发电在能源电力系统中的定位和未来发展空间都是行业内热议的话题。

自“双碳”目标提出以来，新能源快速发展带来的大量电力调节能力需求为气电发展提供了重要机遇。与煤电灵活性改造、抽水蓄能、新型储能等其他调节资源相比，气电在启停调峰、快速爬坡、短期建设和长时调节等方面具有明显的优势，能够和新能源融合发展，具备更广泛的应用场景。当然，气电发展仍面临气源、气价、装备以及外部其他调节资源等诸多挑战，需要统筹资源、加大创新力度，进一步优化气电发展路径。

首先，本书总结回顾了国际国内天然气发电发展现状，分析了“双碳”目标下我国能源转型方向，进而提出新形势下天然气发电面临的机遇和挑战。其次，详细对比了天然气发电、煤电灵活性改造、抽水蓄能和新型储能等主要储调资源的技术经济性，系统量化评估 2025—2060 年天然气发电的发展空间，并提出天然气发电在能源电力系统中的战略定位。最后，从优化空间布局、创新发展模式、提高数智水平、参与市场交易、推进低碳改造等五个方面，提出了我国气电的发展路径，并对国家更好推动天然气发电产业发展提出政策建议。

本书立足“双碳”目标下我国能源电力发展形势，提出了天然气发电的战略定位及发展路径，对于推动天然气发电高质量发展具有较好的借鉴意义，值得能源、电力、天然气行业内研究人员阅读参考。

目 录

第一章

世界及我国天然气发电基本情况

第一节　全球天然气发电的发展现状

一、全球天然气工业发展历程和现状

天然气是指存在于地层中的烃类和非烃类气体的混合物，它具有天然的清洁低碳特性。相较于其他化石燃料，天然气在燃烧时释放的二氧化碳较少，温室气体排放较低，因此被认为是所有化石能源中最清洁的种类之一。天然气主要用于燃料和化工原料，它被视为连接煤炭、石油等高碳化石能源与太阳能、风能等无碳新能源的桥梁，是推动能源结构从高碳向无碳转型的关键过渡环节。

（一）全球天然气工业发展阶段

1821 年，全球首家天然气公司——美国弗雷多尼亚天然气照明公司成立，这标志着世界天然气商业应用的开端。1916 年，全球首个大型气田——美国门罗气田（Monroe Field）的发现，引领了世界天然气的大规模应用。

纵观世界天然气超过一个世纪的大规模应用发展史，全球天然气工业经历了初始期、成长期、跨越期和革命期四个阶段。世界天然气工业发展历程如图 1–1 所示。

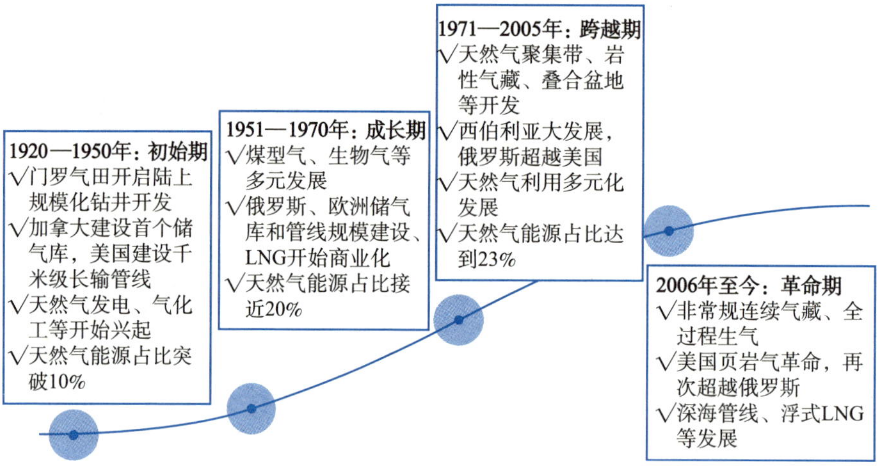

图 1-1　世界天然气工业发展历程示意图

资料来源：邹才能，杨智，何东博，等．常规—非常规天然气理论、技术及前景［J］．石油勘探与开发，2018（4）：45.

1. 初始期（1920—1950 年）

全球天然气产量从 200 亿立方米增至 3000 亿立方米，美国的产气量占全球的 90% 左右。

2. 成长期（1951—1970 年）

天然气产量激增至 1.0 万亿立方米，产区扩展至欧洲、苏联、中东和北非等地。

3. 跨越期（1971—2005 年）

天然气产量跃升至 2.9 万亿立方米，全球形成了北美、俄罗斯、中东、亚太和非洲五大主要产区的格局。

4. 革命期（2006 年至今）

借助页岩气革命，美国引领了全球非常规天然气产业的蓬勃发展，使得天然气产量迅速攀升。截至 2023 年，全球天然气产量已突破 4 万亿立方米。

2020—2023 年世界天然气生产规模变化趋势如图 1-2 所示。

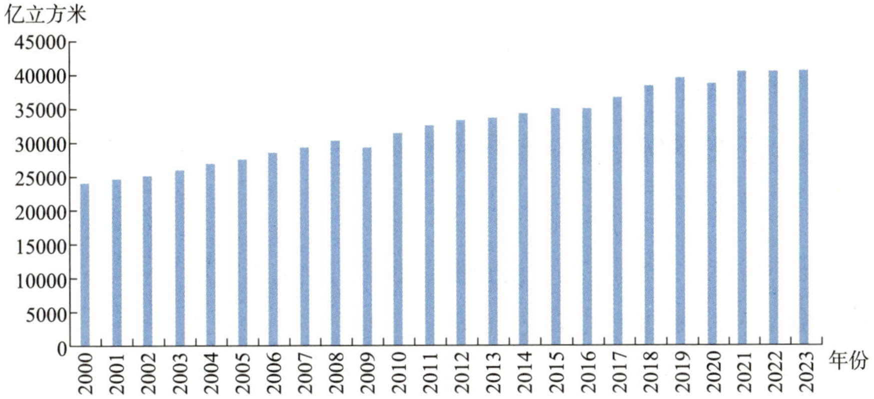

图 1-2　2000—2023 年世界天然气生产规模变化趋势

资料来源：EI 世界能源统计年鉴。

（二）产业规模与能源地位演进

经过多年演进，全球天然气产业的体系结构日趋成熟，实现了从勘探开发、储运运输到天然气贸易、燃料化工的全产业价值链发展。天然气消费量稳步上升，无论从绝对数值还是从能源结构中的占比来看，其在世界能源体系中的角色和重要性越发凸显。1980—2023 年全球天然气消费规模变化趋势如图 1-3 所示。

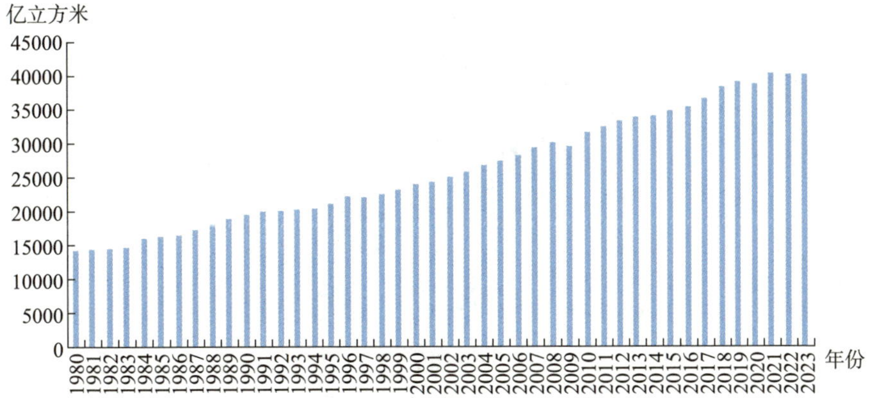

图 1-3　1980—2023 年全球天然气消费规模变化趋势

资料来源：EI 世界能源统计年鉴。

1. 生产端

1980—2023 年，全球天然气产量从 1.4 万亿立方米增至超 4.0 万亿立方米，年均增速达 2.5%，超越煤炭成为第二大化石能源。

2. 消费端

至 2010 年，全球天然气消费量已增至 31594 亿立方米，其在全球一次能源消费中的比重也上升至 23%。

2010—2023 年，全球天然气消费量年均增速为 2%，高于同一时期年均 1.5% 左右的能源需求总量增速。

到 2023 年，全球一次能源总消费量达到 211.42 亿吨标准煤，较 2022 年增长了 2.02%。在这一年度，化石能源（包括石油、煤炭和天然气）在一次能源总消费量中的占比稳步下降，与此同时，可再生能源消费量的占比则持续上升。

截至 2023 年底，全球天然气消费量已达到 40102 亿立方米。尽管近年来新能源和可再生能源发展迅速，天然气在全球一次能源消费中的比重仍保持在 23%，仅次于石油和煤炭。2023 年全球一次能源结构如图 1-4 所示。

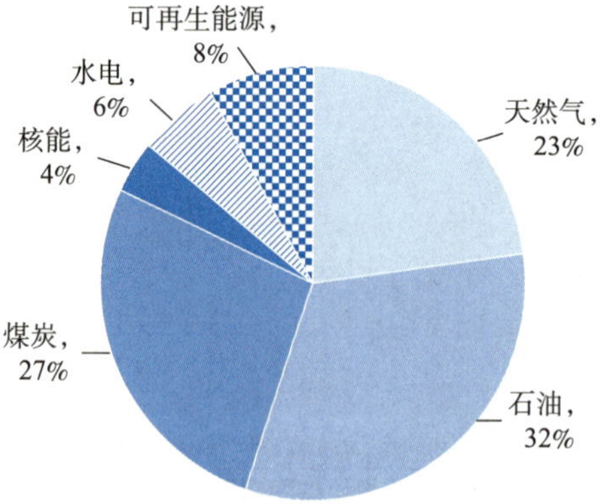

图 1-4　2023 年全球一次能源结构

资料来源：EI 世界能源统计年鉴。

（三）产业发展驱动因素分析

回顾全球及主要国家的天然气产业发展历程发现，推动其生产与消费快速发展的驱动因素主要有三点。

1. 内部驱动因素

高热值、清洁低碳的自然属性是促进天然气产业发展的内部驱动因素。在化石能源中，煤炭标准热值为 20.93 兆焦 / 千克，石油标准热值为 41.87 兆焦 / 千克，天然气标准热值为 38.97 兆焦 / 千克。天然气标准热值与石油相当，约为煤炭的 1.86 倍。天然气的高热值属性促进了天然气规模化利用，并逐步推动对石油和煤炭的替代。

从碳排放属性来看，煤炭二氧化碳排放因子为 0.0946 千克 / 兆焦，石油二氧化碳排放因子为 0.0733 千克 / 兆焦，天然气二氧化碳排放因子为 0.0561 千克 / 兆焦。天然气碳排放强度约为石油的 0.77 倍，约为煤炭的 0.59 倍。

天然气主要成分为甲烷，硫、氮等元素含量极低，其更高效、更清洁的属性使其在全球应对气候变化、推动绿色低碳转型背景下备受青睐。

2. 外部驱动因素

发展战略和产业政策是促进天然气产业发展的外部驱动因素。产业政策通常通过有针对性的支持和干预来促进产业发展，从而实现增强产业竞争力和适应性的目标。以美国天然气产业发展为例，历经多个重要时期，每个阶段都受发展战略与产业政策深刻影响，走出了一条极具借鉴意义的产业成长之路。

1821—1938 年为美国天然气产业发展初期。由于处于起步阶段，产业规模较小、产业链发展不完备，天然气产业总体处于自由缓慢发展状态。

1938—1972 年为美国天然气一次发展期。1938 年美国颁布《天然气法案》并于 1954 年修订颁布“菲利普协议”，通过价格监管将天然气井口价格设置到低于煤炭市场价格的水平，价格优势推动天然气市场需求快速增长，加快推动天然气在终端行业的推广使用。这一时期天然气年均消费量增长率达到 8%，产业政策扶持对该阶段美国天然气产业快速发展起到了重要的推动作用。

1973—2006 年为美国天然气发展瓶颈期。美国天然气产量保持中高位运行，但消费量增长较快，产量增速不及需求增速明显，导致进口量持续上升。1978 年、1980 年美国相继颁布《天然气政策法》《原油意外获利法》，并提出“能源独立”战略等一系列举措，旨在建立和完善市场定价机制、对非常规天然气进行税收抵免，推动美国天然气产业跨越发展瓶颈期，并为美国页岩气革命爆发奠定了坚实基础。

2007 年至今为美国天然气二次发展期。在前期系列政策逐步发挥作用下，天然气产量特别是非常规天然气产量迎来上升发展势头，通过页岩气革命成果实现油气进口国向油气出口国的转变。

3. 协同驱动因素

产业链上、中、下游一体化协同发展是天然气产业发展的协同驱动因素。

（1）上游勘探开发方面

天然气地质理论创新以及勘探开发技术、钻完井和储层改造等技术进步，推动天然气上游产业基础不断夯实、产量不断攀升。例如，以地震勘探、地球物理测井技术为代表的勘探技术不断进步，为精细描述地下储层特征和岩石物理参数提供了技术手段，水平井钻完井和压裂改造工程技术进步对提高单井产量和开发效益起到至关重要的作用，通过降低作业成本和提高改造效率实现降本增效，有效促进非常规、低品位资源的规模效益开发。

（2）中游天然气管输、液化和储气方面

管输是石油、天然气最经济的运输方式之一，随着油气管网日趋

完善，其为天然气贸易、推广和利用提供了基础设施保障。液化天然气（LNG）的体积为同量气态体积的 1/625，随着天然气液化技术的发展和 LNG 船运能力的持续提升，LNG 已初步发展成天然气贸易的主体。天然气储备在天然气调峰和保供方面具有不可替代的作用，随着以地下储气库为主的储气方式不断发展完善，天然气供应的弹性和灵活性得到了有效提升。

（3）下游终端消费方面

天然气利用从单一的燃烧利用不断拓展到天然气发电、工业燃料、城市燃气、化工和交通运输用气等领域。从全球范围来看，天然气发电、工业燃料和城市燃气是全球天然气终端消费的主要领域，消费占比分别为 39%、32% 和 21%，化工和交通用气占比分别为 6% 和 1.5% 左右。天然气在终端消费领域的拓展利用，对降低工业等能耗和碳排放起到重要作用。

二、全球天然气发电的发展历程和现状

天然气发电是指将天然气作为燃料，通过燃气轮机将化学能转化为电能的过程。与传统的煤炭和石油发电相比，天然气发电具有燃烧温度高、热值大、热效率高等优势，天然气在燃烧过程中产生的烟尘、二氧化硫和氮氧化物排放量相对较低，对环境影响较小。

（一）全球天然气发电的发展历程

从发展历程来看，全球天然气发电产业经历了起步探索阶段、快速成长阶段、成熟普及阶段和面向碳中和的新发展阶段。

1. 起步探索阶段（20 世纪 40—60 年代）

起步探索阶段为 20 世纪 40—60 年代。1940 年，瑞士出现了世界上

第一个以天然气为动力的发电涡轮，标志着天然气发电技术的诞生，也为天然气产业的发展开辟了新的空间。1950年，世界上第一座天然气发电厂在美国宾夕法尼亚州建成，标志着天然气发电进入商业化运行阶段。这一时期，英国等欧洲国家也在积极尝试开发利用天然气发电技术。

2. 快速成长阶段（20世纪70—90年代）

快速成长阶段为20世纪70—90年代。天然气探明储量增加为天然气燃料供应提供了坚实的保障，大型燃气轮机的技术进步大大提升了天然气发电的效率和经济性，同时受环保压力不断提升影响，许多国家逐渐减少对煤炭的依赖并转向更为清洁环保的天然气资源。在多因素共同作用下，天然气发电受到广泛关注并得以快速发展。

3. 成熟普及阶段（21世纪初至2020年）

成熟普及阶段为21世纪初至2020年。石油危机之后，主要发达国家通过发展煤电、气电等，较好地推动了电力工业的发展，核电在20世纪七八十年代有着较为稳定的增长，在保障能源电力安全方面发挥了重要作用，但在1986年切尔诺贝利核事故发生之后明显衰落。

20世纪90年代后，电力需求增长放缓，发达国家开展电力市场自由化改革，天然气发电由于投资相对较低、建设周期短、利用效率高等特点，成为许多独立发电商首选的电厂类型，天然气发电也迎来了规模化发展和快速普及阶段。

这一时期，随着风电、光伏等新能源快速发展，美国、英国等多数西方国家均将天然气发电作为电力系统的支撑调节电源。天然气发电在促进新能源快速发展、保障电力系统安全稳定运行等方面发挥了重要作用。

4. 面向碳中和的新发展阶段（2020年至今）

面向碳中和的新发展阶段为2020年至今，2020年以来，全球积极应对气候变化成为政治共识，100 多个国家和地区明确承诺碳中和目标，以欧盟为代表的多数发达国家和地区将碳中和目标定为 2050 年。

在此情形下，大力发展风电、光伏等新能源，重启或更加重视核电发展成为普遍共识，多数国家煤电退出步伐进一步加快，天然气发电的投资和发展预期也大幅下滑。但是，2021 年新冠疫情和 2022 年乌克兰危机爆发，全球能源供需格局发生较大变化，欧洲多国出现了严重的能源危机，在严峻的能源供应现实和“不可能三角”面前，各国不得不在追求能源安全和低碳转型双重目标的过程中，重新审视传统能源特别是天然气及天然气发电的重要作用。

2021 年尾，欧盟委员会制定了一份草案，拟将天然气和核能归类为可投资的过渡性绿色能源。此举在当时引发了巨大的争议和强烈的反对，但为兼顾碳中和能源安全，这一提案于 2022 年 7 月正式通过，反映出欧洲多国对天然气仍是主体能源的重要性和短期难以替代性的认识更为客观全面，也为近中期天然气发电的发展注入了强心剂。

（二）全球发电格局中的地位演变

从发电量来看，全球天然气发电总量不断提升，占总发电量比重也持续增长。从 2000 年开始，气电取代水电成为全球第二大电源，发电量超过 2.7 万亿千瓦·时。

2000—2020 年，全球总发电量从 15.6 万亿千瓦·时增至 27 万亿千瓦·时，气电发电量由 2.77 万亿千瓦·时增至 6.37 万亿千瓦·时，占比从 17% 稳步提升至 22.5%，成为化石能源发电中唯一保持增长的电源类型。

2021—2023 年，以风电、光伏发电为代表的新能源发电发展进一步提速，推动全球各类电源总发电量由 28.5 万亿千瓦·时增至 30 万亿千瓦·时。其中，气电发电量由 6.51 万亿千瓦·时增至 6.75 万亿千瓦·时，对进一步推动全球清洁低碳转型、支撑新能源快速发展了发挥至关重要的作用，成为全球范围内稳定经济增长、保障电力供应的主要电源之一。

截至 2023 年底，全球各类电源总发电量为 30 万亿千瓦·时，在全球电源结构中，气电发电量仅次于煤电，高于水电、风电和光伏发电，在保障电力供应稳定性方面发挥着不可替代的作用。具体来看：

燃煤发电量为 10.5 万亿千瓦·时，占总发电量的 35.1%；

气电发电量为 6.7 万亿千瓦·时，占总发电量的 22.5%；

水电发电量为 4.2 万亿千瓦·时，占总发电量的 14.2%；

核电发电量为 2.7 万亿千瓦·时，占总发电量的 9.1%；

风电发电量为 2.3 万亿千瓦·时，占总发电量的 7.8%；

光伏发电量为 1.6 万亿千瓦·时，占总发电量的 5.5%；

燃油发电量为 0.7 万亿千瓦·时，占总发电量的 2.3%。

气电成为化石能源发电中为数不多的发电量和占比稳中有增的电源类型，具体如图 1-5、图 1-6 所示。

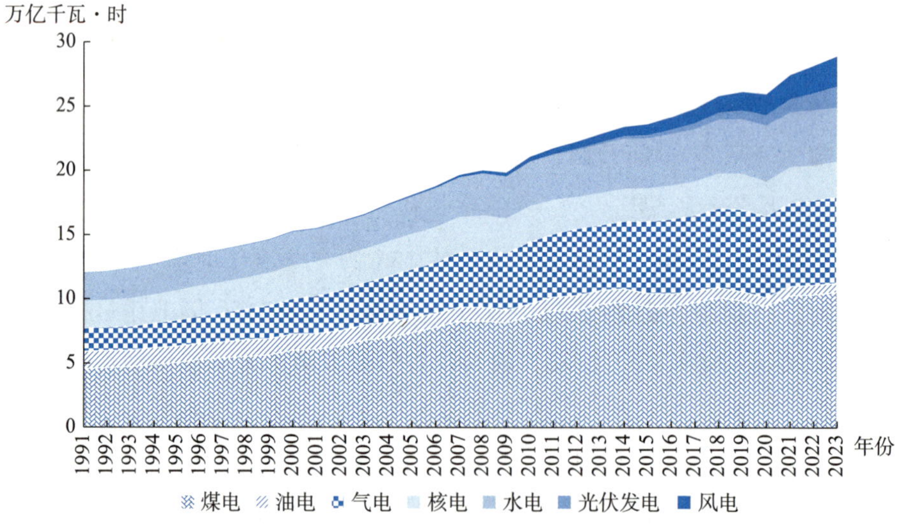

图 1-5　1991—2023 年全球主要电源发电量变化情况

资料来源：国际能源署、BP、EI 世界能源统计年鉴。

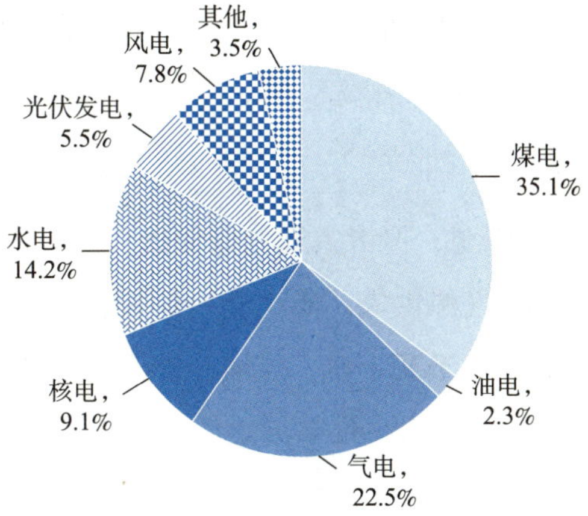

图 1-6　2023 年全球主要电源发电量占比

资料来源：EI 世界能源统计年鉴。

（三）区域发展特征与典型国家分析

分地区看，根据 EI 世界能源统计年鉴，美国、俄罗斯、伊朗、日本、中国等是全球天然气发电较好的经济体。

1. 美国天然气发电特征

截至 2023 年底，美国气电发电量位居全球榜首，也是近年来天然气发电增长最快的国家。2023 年美国天然气发电量为 1.94 万亿千瓦・时，占本国总发电量的 43.1%，占全球天然气发电总量的 28.7%。

2. 俄罗斯天然气发电特征

俄罗斯具有丰富的天然气资源，具有发展气电的先天条件。2023 年俄罗斯大然气发电量为 5284 亿千瓦・时，位居全球第二，占本国总发电量的 44.8%，占全球天然气发电总量的 7.8%。

3. 伊朗天然气发电特征

伊朗天然气资源丰富，是全球第三大天然气生产国，一次能源消费中天然气占比 68%。近年来，伊朗天然气发电增势较快，2023 年气电发电量3236亿千瓦·时，位居全球第三，占本国总发电量的84.5%，占全球天然气发电总量的4.8%。

4. 日本天然气发电特征

日本缺乏天然气资源，但考虑到气电低碳、高效等优势，日本通过进口LNG的方式保障气源供应，实现气电的较快增长。2023年，日本天然气发电量为3209亿千瓦·时，位居全球第四，占本国总发电量的31.7%，占全球天然气发电总量的4.76%。

5. 我国天然气发电特征

我国天然气发电保持了稳中有升的良好态势，2016年天然气发电量约1880亿千瓦·时，位居全球第七；2023年天然气发电量约3000亿千瓦·时，升至全球第五位。

2023年主要国家气电发展特征见表1-1，数据显示，气电在资源国（如伊朗、俄罗斯）和能源进口国（如日本、韩国）均扮演着关键角色，反映其作为“普适性清洁化石能源”的独特价值。

表1-1　2023年主要国家气电发电量排名及占比情况

国别	气电发电量/亿千瓦·时	总发电量/亿千瓦·时	气电占本国总发电量的比重/%	占全球气电发电总量的比重/%
美国	19377.0	44939.6	43.1	28.7
俄罗斯	5284.3	11782.5	44.8	7.8
伊朗	3236.2	3828.7	84.5	4.8
日本	3208.5	10132.6	31.7	4.8
中国	2978.0	94564.4	3.1	4.4
沙特阿拉伯	2650.4	4228.7	62.7	3.9
墨西哥	2049.2	3548.6	57.7	3.0
埃及	1787.2	2201.5	81.2	2.6

续表

国别	气电发电量 / 亿千瓦・时	总发电量 / 亿千瓦・时	气电占本国总发电量的比重 /%	占全球气电发电总量的比重 /%
韩国	1669.8	6179.2	27.0	2.5
泰国	1294.0	1904.9	67.9	1.9
阿联酋	1189.3	1650.4	72.1	1.8
意大利	1175.0	2653.5	44.3	1.7
英国	979.1	2856.1	34.3	1.5
加拿大	898.5	6331.8	14.2	1.3
德国	777.3	5136.9	15.1	1.2
阿根廷	759.1	1464.3	51.8	1.1
土耳其	696.9	3280.5	21.2	1.0
马来西亚	692.3	1877.9	36.9	1.0
西班牙	616.9	2820.2	21.9	0.9
印度尼西亚	610.1	3506.1	17.4	0.9
澳大利亚	466.7	2731.1	17.1	0.7
荷兰	458.8	1223.4	37.5	0.7
巴西	377.1	7099.9	5.3	0.6
法国	323.1	5197.0	6.2	0.5
哈萨克斯坦	322.7	1129.8	28.6	0.5
越南	263.2	2764.4	9.5	0.4
波兰	164.3	1670.3	9.8	0.2
乌克兰	80.8	1033.9	7.8	0.1
全球	67463.2	299247.5	22.5	100.0

资料来源：BP、EI 世界能源统计年鉴。

三、主要国家（地区）气电发展历程和特点

天然气发电涉及天然气和电力两大领域，既是天然气行业的重要消纳端，也是电力行业安全降碳的重要技术选择，起到联结传统高碳能源和未来零碳能源的“桥梁与过渡”作用。

从全球范围来看，天然气发电的应用现状因各国能源政策、资源禀赋以及市场需求的不同而有所差异。但总体来看，在发达国家能源电力系统转型过程中，天然气发电都发挥了重要的过渡和支撑作用，如美国、英国、日本等国家天然气发电装机占比达30%~40%，在电力系统中扮演着主力电源的角色，不仅实现了对高碳化石能源的替代，还有效推动了风光等新能源大规模发展。

（一）美国：资源与政策驱动的气电主导型转型

美国天然气工业和气电发展都较为成功，目前已经形成了较为完善的天然气市场。在天然气工业起步阶段，美国为鼓励投资、推动基础设施建设，在生产、消费、发电等多个环节都采取了税收优惠等激励政策。

20世纪90年代后，由于燃气—蒸汽联合循环机组（GTCC）相对其他发电方式竞争优势明显，天然气发电得以迅速发展。1995年后，酸雨、有害气体控制等环保政策的实施进一步加快了气电发展，如《清洁空气法》等，鼓励使用低排放的燃料，推动煤炭向天然气转型。

21世纪后，页岩气革命带来的技术突破使美国天然气井口价格从2008年的7.97美元/百万英热单位降至2020年的1.99美元/百万英热单位（国际能源署数据），直接导致气电平准化成本较煤电下降38%，使得气电综合成本较煤电更具竞争优势。此外，随着全球应对气候变化进程加快，美国许多州还出台了碳排放交易和碳税政策，进一步推动天然

气发电替代高碳排放的煤电。

在资源优势和政策法规的引导下，天然气发电在美国电力系统中逐渐取代了部分煤电，成为电力结构转型的关键力量。2016 年，气电发电量超越煤电，成为美国发电量最大的电源类型。2016—2023 年，美国煤电发电量由 1.72 万亿千瓦·时降至 7447 亿千瓦·时，占美国总发电量比重由 31.3% 降至 16.8%，气电发电量则由 1.61 万亿千瓦·时增至 1.86 万亿千瓦·时，占美国总发电量比重由 32.8% 进一步提高至 41.9%，成为美国名副其实的电源主体，1995—2023 年美国主要时间节点各类型电源发电量如图 1-7 所示。

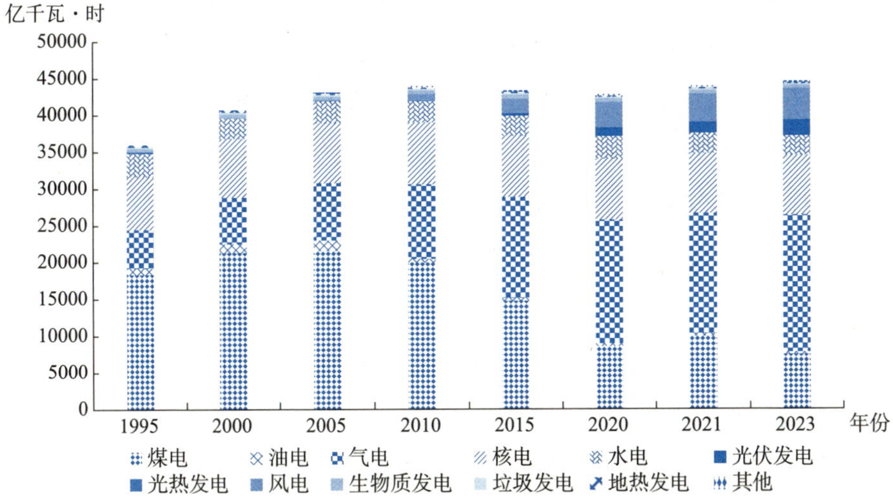

图 1-7　1995—2023 年主要时间节点美国各类型电源发电量

资料来源：国际能源署。

根据美国能源部发布的《迈向 100% 清洁电力之路》报告，美国计划 2035 年实现 100% 清洁电力，清洁能源发电占比将由 44% 提升至 71%，煤电机组加速退役，天然气发电在电力系统中的调峰作用进一步显现，装机有望进一步增加。

（二）欧盟：低碳转型与能源安全的平衡发展

欧盟天然气资源高度依赖进口，气电发电量占总发电量的比重与美国有一定差距，但由于低碳转型发展要求，欧盟一直致力于推进清洁电源发展，天然气发电因相对低碳的属性而受到欧盟各国的重视。

乌克兰危机爆发后，欧洲能源市场剧烈震荡，统筹能源转型与能源安全的呼声空前高涨。在此背景下，2022 年 2 月，欧盟委员会通过《欧盟可持续金融分类气候授权法案》，将满足特定条件的核能和天然气归为可持续投资的过渡能源，7 月 6 日，欧洲议会投票正式从法律上加以确认。该法案的通过既是乌克兰危机导致能源供应格局剧变的应对措施，也是统筹发展和安全的现实选择。

由于欧洲多国天然气资源主要依赖于从俄罗斯进口，其气源供应也成为天然气发电发展的一个不确定因素。截至 2023 年底，意大利、英国、德国天然气发电量较高，2023 年发电量分别为 1175 亿千瓦·时、979亿千瓦·时、777亿千瓦·时，在本国总发电量中占比分别为44.3%、34.3%、15.0%。

2000—2023 年，欧洲绿色低碳转型加快推进，风电、光伏发电等新能源快速发展，其间风电、光伏发电量占比由 0.6% 快速提升至 20.2%，煤电发电量占比由 30.5% 降至 17.1%，气电发电量占比则由 15.9% 上升至 20.9%，成为新能源快速发展、煤电稳步退出背景下的重要支撑调节电源。

2000—2022 年欧洲各类型电源发电量如图 1–8 所示。

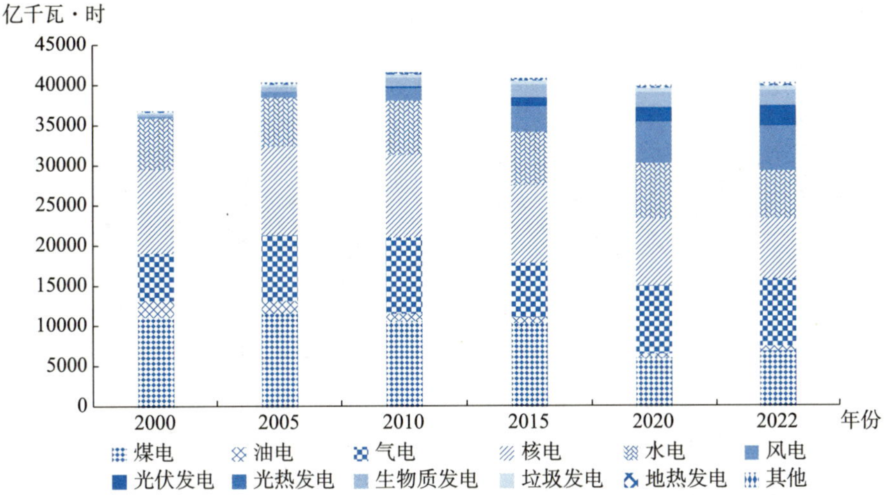

图 1-8　2000—2022 年欧洲各类型电源发电量

资料来源：国际能源署。

1. 以英国为例

2013 年以来，英国采取碳交易和碳税并存的方式，鼓励发展清洁能源发电；从 2015 年开始政府实施碳价下限机制（Carbon Price Floor），即碳交易“地板价”，将国内碳交易最低价格设定在 18 欧元 / 吨。随后碳交易价格较快上涨，在该政策影响下，煤电逐渐失去经济竞争优势，推动英国可再生能源快速发展、燃煤发电比重大幅下降。2000—2023 年英国各类型电源发电量变化情况如图 1-9 所示。

2. 以德国为例

尽管装机规模有限，但气电在德国能源转型中发挥着可再生能源的灵活性补充、基荷电源的低碳替代等重要作用。

德国气电装机容量相对较小，约占全国总装机容量的 15%。尽管比例不如美国高，但气电在德国的能源转型中通过双重路径发挥关键作用。其一，作为可再生能源的灵活性补充。大规模的可再生能源（如风电和光伏）占据了德国电力系统的重要地位，但其间歇性和波动性

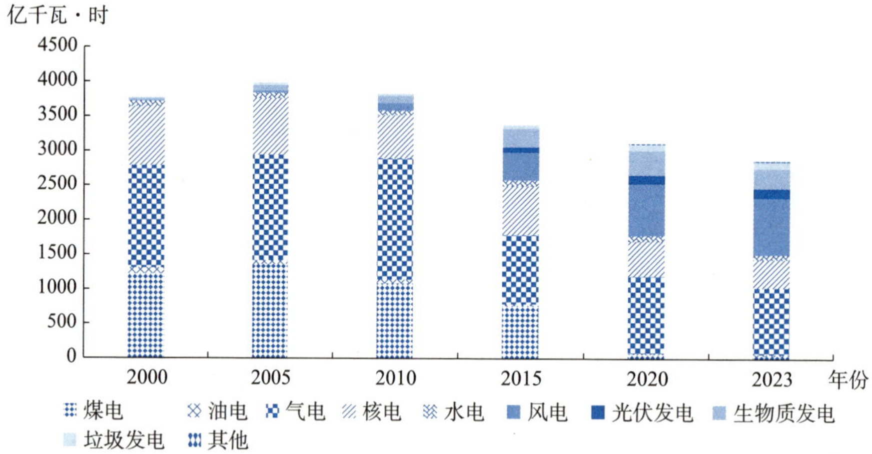

图 1-9　2000—2023 年英国各类型电源发电量变化情况

资料来源：国际能源署。

对电网稳定性提出了挑战。天然气发电可以灵活调节负荷，作为调峰电源弥补可再生能源发电的不稳定性。其二，作为基荷电源的低碳替代。随着德国淘汰核电和减少煤电，天然气发电被视为一种可靠的低碳过渡能源。德国的能源转型政策也强调了天然气作为低碳过渡能源的作用。

根据德国联邦经济事务和气候行动部（BMWK）《2023 年能源转型白皮书》，规划在 2025—2030 年新增 1000 万千瓦燃气调峰机组，支撑可再生能源发电占比由当前的 60% 左右提升至 2030 年的 80%，并持续退出核电、煤电，目前德国已与欧盟委员会就新建电厂的融资框架达成一致。值得一提的是，乌克兰危机前，德国主要依赖从俄罗斯进口天然气，这使得天然气发电的供应安全和成本受地缘政治影响较大。2000—2023 年德国各类型电源发电量如图 1-10 所示。

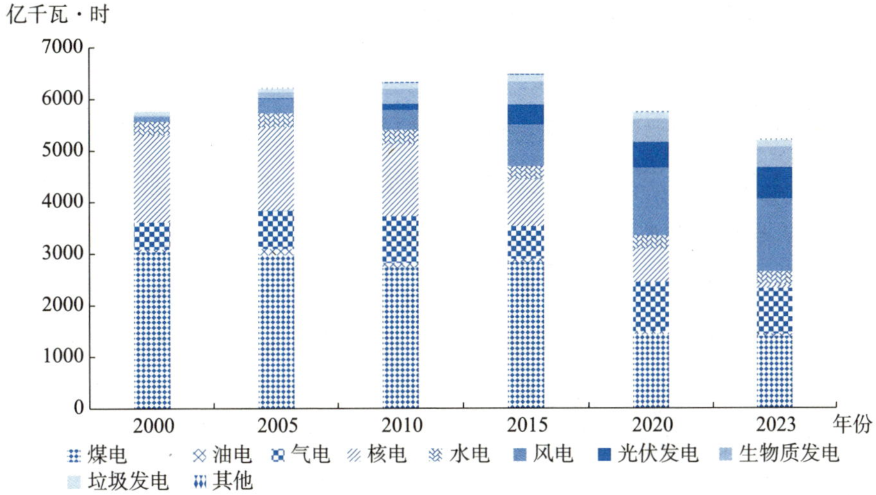

图 1-10　2000—2023 年德国各类型电源发电量

资料来源：国际能源署。

专栏 1-1　2024 年 12 月德国电力紧张气电顶峰作用明显

1. 风光出力骤降导致德国高峰时段电力供需严重失衡

2024 年 12 月 11—12 日，德国连续经历“风光同缺”天气（德语为 Dunkeflaute，意为无风多云风光稀缺期），部分时段电力供需失衡引发严重电力危机。12 月 12 日 18 时晚高峰时段，德国采暖等需求快速提升，电力负荷达到 7130 万千瓦，而此时德国 9755 万千瓦的光伏发电无出力，7238 万千瓦的风电出力仅 148.7 万千瓦、有效出力仅为 2.1%。在不得已情况下，天然气发电、燃煤发电等传统电源紧急启动，3666 万千瓦的天然气发电顶峰出力 2640 万千瓦，应急备用煤电机组也贡献了 1729 万千瓦的支撑负荷，二者合计占当时总出力的 61.3%。尽管抽水蓄能、生物质发电等其他电源接近满负荷出力，但电力供需缺口仍然高达 785 万千瓦，在维持向荷兰、卢森堡等国家外送电力的情况下，德国还从瑞士、法国、奥地利、挪威等周边国家进口超 1200 万千瓦电力。

2. 电力现货价格飙升至2006年以来最高水平，部分用户生产生活受到较大影响

严重的电力短缺直接反映到电价水平上，据德国弗劳恩霍夫研究所统计，12月12日上午时段电力现货价格达到395欧元/兆瓦·时（约合3.02元人民币/千瓦·时），晚高峰时段更是攀升至1158欧元/兆瓦·时以上（约合8.79元人民币/千瓦·时），约为2023年同期水平的10倍，更是创下2006年以来的最高水平。值得说明的是，由于大部分居民用户和多数企业以签订长协合同为主、现货市场为辅，短时的电价飙升并未对其用电成本造成显著影响。但部分能源密集型企业由于在日内市场购电比例较高，为避免用电成本过高只能被迫停工停产，给企业生产运营带来较大影响。自12月14日起，随着气候回归正常，电力供需也渐归常态，尽管高价持续时间不长，但供需失衡、天价电费已然对生产生活造成较大影响，无疑成为2021年欧洲能源危机后的又一能源安全事件。

3. 德国电气为推进电力低碳转型和保障能源安全发挥重要作用

德国将积极发展风电、光伏等新能源作为推动其绿色转型的主要方式。2010年以来，德国风电、光伏等新能源分别由2690万千瓦、1801万千瓦增至7238万千瓦、9755万千瓦，新能源装机占总装机比重由28.8%升至65%以上。其间，核电由2144万千瓦降至0，正式退出，煤电装机容量由4973万千瓦逐步低至3119万千瓦（降幅达37.3%），气电则由2380万千瓦增至3666万千瓦。由此可见，在德国加速退出核电、稳步减少煤电、大力发展新能源的背景下，天然气发电发挥了主要支撑调节作用，适度增加气电等灵活调节电源与推进可再生能源发展呈现明显正相关效应。

（三）欧美典型案例对比分析

值得指出的是，尽管欧美国家电力系统转型发展都是以清洁化、绿色化为主，但其电力系统转型的方向有所不同。根据英国独立智库（Ember）发布的《全球电力行业回顾2020》，2007—2019年，美国和欧盟的煤电发电量均实现了减半，天然气发电承接了美国煤电退出的65%发电量，而欧盟则以大力发展风电、太阳能发电等可再生能源为主。其中，美国煤电退出量中35%由风电和太阳能发电代替，65%向天然气发电转移；欧盟天然气发电量保持稳定，煤电发电量的退出量全部由风电和太阳能发电代替。

可以看出，在欧美能源电力低碳转型过程中，煤电装机规模和发电量均明显下降，但作为传统支撑电源的气电，其装机规模和发电量并未减退，而是保持稳定或稳中有升。这说明在煤电有序退出的情况下，欧美等国大多是通过保持气电规模或适度发展气电的方式，来保证电力安全稳定供应并支撑可再生能源规模化发展。

（四）日韩：能源安全导向的气电规模化应用

日韩等国能源资源较为匮乏，长期以来通过进口大量LNG的方式保障能源安全。发展天然气发电不仅是其保障电力安全的重要支撑，也是促进其天然气工业发展的重要保障。

据统计，2023年，日本天然气发电量3208亿千瓦·时，占其总发电量的31.7%；韩国天然气发电量1670亿千瓦·时，占其总发电量的27.0%，均明显高于23%的全球平均水平。此外，天然气发电用气也是日韩两国天然气消费的主要领域之一，近年来发电用气分别占天然气总消费量的60%和45%左右。2000—2023年日本、韩国各类型电源发电量如图1-11、图1-12所示。

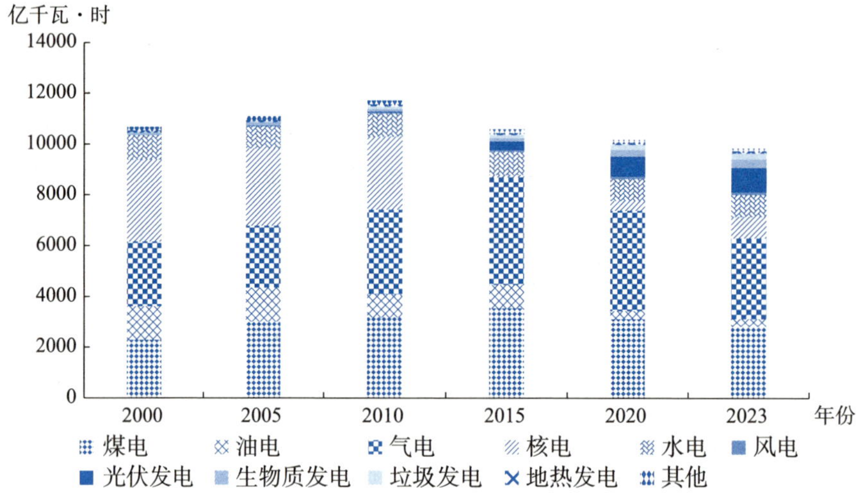

图 1-11 2000—2023 年日本各类型电源发电量

资料来源：国际能源署。

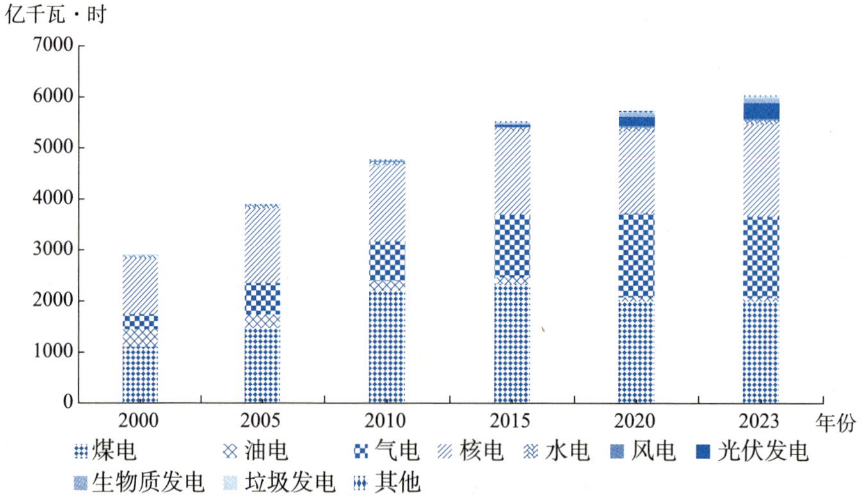

图 1-12 2000—2023 年韩国各类型电源发电量

资料来源：国际能源署。

以日本为例，其天然气发电产业发展大致分为三个阶段。

第一阶段（1955—1969 年）为起步发展期。这一时期石油消费在能源结构中占据核心地位，天然气及气电发展仅作为补充选项之一。

第二阶段（1969—2000 年）为快速发展期。石油危机影响下，日本通过大力发展天然气产业来降低对石油的依赖，迫于环境污染压力日益增大，天然气发电也得以快速增长。1969—1983 年，日本 LNG 消费量年均增速高达 40.2%，天然气发电是其主要利用方向，发电用气占总耗气量比重达 65% 以上。

第三阶段（2000 年至今）为成熟发展期。为实现国家能源安全和环境保护目标，日本加快天然气对煤炭、石油等能源替代速度，鼓励天然气消费在发电领域利用，气电发展得到有效保障。

四、主要发达国家气电发展的经验和启示

从典型国家天然气发电发展进程来看，完备的基础设施、积极的政策、丰富的资源、合理的价格、完善的体制机制都是天然气发电快速发展的重要驱动力，对我国气电发展都有一定的借鉴和参考价值。

（一）基础设施先行

完备的天然气产业基础设施是促进气电发展的重要前提。无论是美国还是日韩，其天然气发电产业都是伴随着天然气工业的日益成熟而发展起来的，且反过来气电还成为促进天然气利用和发展的重要一环，两者相辅相成、互为支撑。特别是能源资源极为匮乏的日本，通过积极建设天然气接收站和管网基础设施，有效保障了其天然气行业以及气电产业发展。

根据国际天然气联盟出版的《世界液化天然气报告 2023》，截至 2023 年 6 月，日本拥有的 LNG 接收和再气化能力高达 2.175 亿吨，排名世界第一，占全球的比重超过 22%，主要用于天然气发电领域。

（二）政策与成本双轮驱动

环保政策、有竞争力的成本是气电发展的重要支撑。2000年以来，气电在美国新增发电装机中长期占据主导地位。在2004年页岩气革命之前，美国天然气价格较高，但这一时期得益于高标准的环保政策，气电发展非常迅速。

页岩气革命后，美国天然气凭借其资源和价格优势，推动天然气发电进一步快速发展，燃煤电厂装机容量明显减少。凭借资源禀赋优势与政策法规的双重驱动，天然气发电在美国电力系统中逐步替代传统燃煤发电，成为推动电力结构低碳转型的核心力量。

（三）体制机制和政策创新

体制机制和政策设计是气电发展的重要保障。对于欧洲而言，环保政策、低碳要求加快了煤电退出，为气电发展提供了更广阔的空间。

21世纪以来，欧盟国家高度重视应对气候变化工作，英国、德国等国家陆续出台煤电退出时间表，天然气发电的发展空间和相对优势得以显现。同时，英国电力市场从2015年开始实施碳交易"地板价"，该政策使煤电长期以来的价格优势在能源市场上逐渐失去竞争力。

2012—2017年，英国煤电发电量下降约84%，煤电发电量占比也由42%下降到7%，同时气电发电量占比由27%升至45%，气电的低碳环保价值得以充分体现。

（四）碳排放约束和技术突破

随着全球低碳无碳转型步伐加快，天然气发电虽与燃煤发电相比具有一定的环保优势，但相较于零碳的可再生能源，仍处于落后地位。因此，当前及未来一段时间，碳减排技术不仅是煤电未来发展的重要技术选择，也是天然气发电发展的关键技术支撑。

国际能源署数据显示，截至2020年底全球开发的16个碳捕集、利用和封存（CCUS）项目中，有5个涉及天然气发电项目。尽管目前各国在运天然气发电厂尚无大型CCUS项目，但远期来看，配置一定规模的CCUS技术将是天然气发电深度脱碳的兜底选择。

国际能源署《2050年净零排放路线图》报告的可持续发展情景预测，到2030年，全球配备CCUS项目的天然气发电厂装机将达到3500万千瓦，侧面说明了未来“气电+CCUS”配套发展的形势要求。

第二节　我国天然气发电的发展现状

一、我国天然气发电的发展历程和现状

我国气电发展始于20世纪60年代，但前期进展缓慢，主要为油气田附近的自备小型燃气发电厂。到2000年底，天然气发电装机容量仅为600万千瓦，在全国电力装机中占比微乎其微。

21世纪以来，我国天然气开发利用战略有所调整，“十五”规划纲要提出“加快天然气勘察、开发和利用，统筹生产基地、输送管线和用气工程建设，引用国外天然气，提高天然气消费比重”，天然气发电得以逐步发展。特别是2004年“西气东输”工程投产，近海天然气开发和引进液化天然气等工作展开后，天然气发电产业快速发展，气电装机容量也不断增加。

（一）气电装机稳步增长，占比有待提升

总体来看，我国天然气发电产业呈现以下特点。

1. 装机容量稳步增长

“十二五”以来，我国天然气发电装机容量持续增长，2015 年全国天然气发电装机容量达到 6603 万千瓦。进入“十三五”，随着新能源发电并网对电力系统调峰需求日益增长、部分地区生态环保约束日趋严格，作为具有灵活调节能力的清洁支撑电源，气电发展进一步提速。截至 2020 年底，我国天然气发电装机容量为 9802 万千瓦，2010—2020 年天然气发电装机容量年均增速为 12.3%，高于全国同期总电力装机增速约 5 个百分点。

“十四五”以来，在“双碳”目标推动及电力供应紧张等因素影响下，多地积极发展天然气发电。截至 2024 年底，我国天然气发电装机规模达到 1.44 亿千瓦，“十四五”前 4 年年增装机规模总体稳步上升，2024 年新增装机 1899 万千瓦，创历史新高，凸显其在电力保供中的重要作用（见图 1-13）。

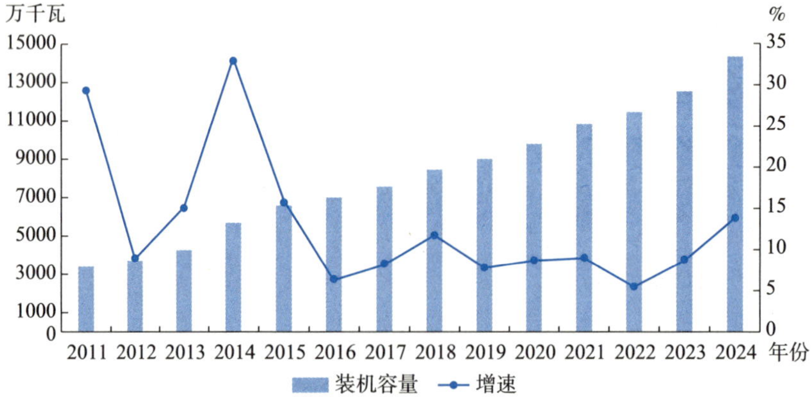

图 1-13　2011—2024 年我国天然气发电装机容量及增速

资料来源：国家统计局、中电联。

2. 装机占比长期偏低

受政策、气源和经济性等因素影响，气电占全国电力总装机的比重始终维持在4.0%~4.5%。2024年底，这一占比约为4.3%，尽管装机规模不断扩大，但仍未改变其在电力装机结构中占比相对较低的局面。

3. 保供调节作用显著

在迎峰度夏、迎峰度冬等关键时期，气电调节作用充分发挥。2023—2024年采暖季，面对极端天气，政府与企业协同保障，天然气行业实现气、电“双调峰”，冬季高峰气电日发电量是日常均值的2.5倍以上，有效保障了电力供应安全。

（二）我国天然气发电量占比始终处于较低水平

1. 国内发电量增长与占比变化

2010—2020年，我国天然气发电量实现了显著增长，从777亿千瓦·时提升至2486亿千瓦·时，年均增速达12%，呈现两位数的增长态势。尽管发电量大幅增加，其在总发电量中的占比提升幅度却相对较小，仅从2010年的1.8%小幅上升至2020年的3.5%。

“十四五”以来，我国天然气发电继续保持稳步提速的发展趋势，气电发电量整体呈现稳中有升的态势。2024年，全国天然气发电量达到3187亿千瓦·时，同比增长3.3%，具体的发电量及增速情况如图1-14所示。但由于风电、光伏发电量的快速增长，天然气发电在总发电量中的占比依然维持在3.2%~3.5%的较低水平。

2. 国际对比凸显发展空间

从全球范围来看，2023年全球天然气发电量占总发电量的比重为22.5%。在一些主要发达国家，天然气发电占据着更为重要的地位，如日本、美国，其气电发电量占比分别达 31.7% 和 43.1%，在各自国家的电力工业发展和电力系统低碳转型过程中发挥着关键作用。

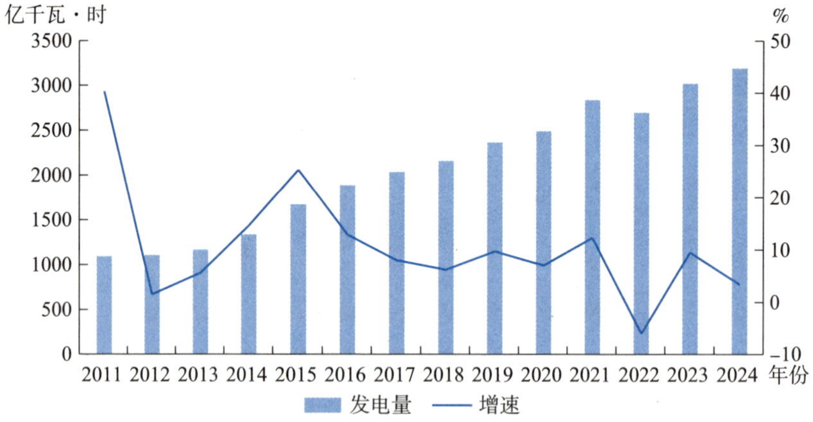

图 1-14　2011—2024 年我国天然气发电量及增速

资料来源：国家统计局、中电联。

通过与国际情况进行比较可以发现，我国天然气发电量占比不仅低于全球平均水平，与主要发达国家相比更是存在较大差距。这一现状表明，在我国能源转型的过渡阶段以及深度脱碳阶段，天然气发电具备较大的发展潜力和提升空间，有着广阔的发展前景。

（三）利用小时数较低，调峰属性突出

“十三五”时期，全国电力供需形势整体较为宽松，气电成本相对较高，大部分天然气发电机组以调峰为主，年利用小时数在 3000 小时以下。2019 年，我国天然气发电设备年利用小时数仅为 2646 小时，2020 年进一步降至 2618 小时，远低于核电、煤电、水电等其他常规电源。

“十四五”以来，受新冠疫情、经济发展、出口增长、极端天气等多种因素影响，我国电力需求快速增长且波动较大，部分地区出现了时段性电力供应紧张。在此情形下，气电顶峰保供作用凸显，年利用小时

数为 2600~2800 小时，为近年来较高水平，但仍和煤电、水电等常规电源相差较远。2020—2024 年我国分类型发电设备利用小时数变化情况如图 1-15 所示。

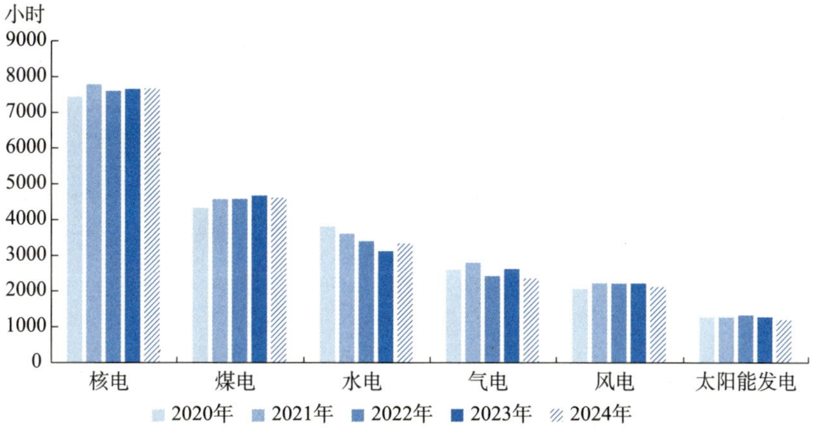

图 1-15　2020—2024 年我国分类型发电设备利用小时数变化情况

资料来源：国家统计局、中电联。

二、我国天然气发电的发展布局和特点

（一）天然气消费结构与特征

1. 天然气消费领域分布

我国天然气消费主要集中在城市燃气、工业、发电和化工四大领域。2015—2023 年，全国天然气发电装机规模从 6603 万千瓦增至 1.3 亿千瓦，年均增速达 8.4%，显著高于全国电力总装机年均增速。同期，我国天然气总消费量亦稳步上升，根据国家能源局《中国天然气发展报告 2024》数据，消费量从 2015 年的 1931 亿立方米提升至 2023 年的 3945 亿立方米。

2. 2023 年消费结构特征

2023 年，城市燃气消费同比增长 10%，占天然气总消费量的 33% 左右；工业燃料用气增长迅速，占比升至 42% 左右；天然气发电用气量约 670 亿立方米，占比为 17%（见表 1–2）。尽管发电用气量逐年递增，但在天然气总消费量中的占比长期低于 20%。

表 1–2　2015 年以来我国天然气消费及发电用气情况

	2015 年	2016 年	2017 年	2018 年	2019 年	2020 年	2021 年	2022 年	2023 年
天然气消费量 / 亿立方米	1931	2058	2386	2808	3064	3280	3690	3646	3945
一次能源比重 /%	5.9	6.4	7.3	7.8	8.1	8.4	8.9	8.4	8.5
发电用气量 / 亿立方米	284	366	427	486	550	525	664	620	671
发电用气占比 /%	15	18	18	17	18	16	18	17	17

资料来源：中国能源统计年鉴、BP。

3. 国际对比与发展潜力

与全球天然气发电用气占比 40% 左右的平均水平相比，我国发电用气占比明显偏低，差距近 1 倍。这表明在能源结构优化和电力系统转型背景下，天然气发电在我国仍存在较大的发展空间，有望通过提升用气占比，进一步发挥其调节性电源和低碳能源的双重价值。

（二）气电类型与装机结构特征

1. 发电类型与装机构成

我国气电主要涵盖热电联产、调峰电源和分布式利用三大类型。截至 2024 年底，全国气电总装机容量达 1.44 亿千瓦，形成以热电联产机组为主、调峰机组为辅的格局，分布式利用占比相对较低。其中，大型集中式燃气发电装机容量占全国气电装机总量的 90% 左右，以 9F 和 9E 型机组为主。

2. 分布式气电发展情况

在分布式天然气发电领域，仅北京、上海、广东、四川等少数地区发展较快，应用场景以园区型项目为主（占比约 85%）。然而，多数项目难以达到国家规定的冷热电三联供标准，综合能源利用效率超 70% 的项目较少，且普遍存在经济效益欠佳的问题。

（三）区域布局的地域差异化特征

2023 年，我国部分地区受区域供能需求（热、电、冷）、气源保障、管线建设及政策补贴等因素影响，天然气发电布局呈现显著的地域差异，见图 1–16、表 1–3。

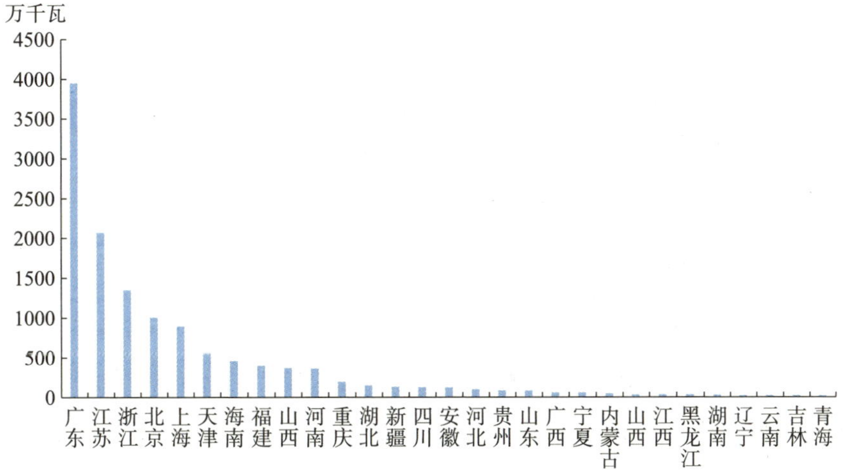

图 1–16　2023 年底我国部分地区天然气发电装机情况

资料来源：气电三十人论坛、电联新媒。

表 1-3　2023 年我国主要地区天然气发电运行特征

地区	类型	运行方式	发电利用小时数	用气量
北方	热电联产	以热定电	3000~4000 小时	较高且稳定
东南沿海	热电联产	以热定电	6000~7000 小时	高且稳定
	调峰电站	纯发电	2000~4000 小时，或 <1000 小时	低且不稳定

1. 北方地区

在北方地区，气电运行以热电联产为主，采用“以热定电”模式，承担集中供热功能，年利用小时数 3000~4000 小时，负荷相对稳定，年发电利用小时数也较高。

2. 东南沿海地区

在东南沿海地区，气电类型兼具热电联产与调峰电站。有稳定工业热负荷的热电联产机组年利用小时数可达 6000~7000 小时；而纯调峰机组利用小时数较低，大部分在 2000~4000 小时，有的机组利用小时数甚至低于 1000 小时。

3. 经济发达地区

从地理分布来看，珠三角、长三角和京津地区气电装机占全国总量的 80%，这主要得益于经济发达、环境约束严格及气源保障优势。

4. 西部地区

西部天然气资源富集的四川、重庆等地也形成了一定规模的气电产业。总体而言，我国气电装机地域分布不均衡，布局呈现“东密西疏、南强北弱”的特征，与区域经济发展水平、能源禀赋和能源需求高度相关。

三、我国天然气发电发展的战略价值与发展瓶颈

天然气发电作为优化电源结构的关键路径和天然气产业发展的重要板块，对构建清洁低碳、安全高效的新型能源体系具有重要的推动作用。近年来，我国积极倡导因地制宜发展天然气发电，促使装机规模稳步增长，相关产业链也实现了快速发展。然而，当前天然气发电仍面临多重发展困境：装机容量在全国电力总装机中的占比相对较低，发电量比重提升缓慢，机组年利用小时数普遍不高，整体呈现“发展规模有限、增长动力不足”的局面。相较于规划预期目标，天然气发电行业的实际发展进程存在明显滞后，在政策支持体系、气源供应保障、价格成本疏导等方面仍存在亟待解决的突出问题。

（一）政策定位模糊，跨领域协调不足

1. 政策连贯性不足，多领域态度分歧

近年来，国家层面在多个领域对天然气发电提出鼓励与要求，但政策连贯性不足，且各领域对气电的态度存在分歧。既有“鼓励发展”“积极发展”的正向引导，也有“有序发展”“原则上不再新建热电联产”的限制考量。

2. 电力、天然气、环保领域政策目标冲突

在电力领域，《电力发展“十三五”规划》明确“有序发展天然气发电，大力推进分布式气电建设”，并设定 2020 年 1.1 亿千瓦装机目标；天然气领域的《加快推进天然气利用的意见》提出实施气电工程，鼓励发展调峰电站和有序建设热电联产；《北方地区冬季清洁取暖规划（2017—2021 年）》则强调因地制宜适度发展气电，优先以燃气热电联产替代环保不达标燃煤机组。然而，环保领域政策从 2013 年的《大气污染

防治行动计划》到2018年的《打赢蓝天保卫战三年行动计划》，虽提及有序发展天然气调峰电站，却对新建热电联产项目持审慎态度，且未明确气电的环保优势，政策支持力度相对不足。

3. 多部门管理协同难，供气安全影响投资信心

从政策执行来看，天然气发电涉及多部门管理，各领域政策难以形成合力。天然气领域视气电为扩大消费的重要方向，电力领域主张有序发展，环保领域则侧重煤炭替代，对气电缺乏明确支持。此外，供气安全的不确定性也削弱了企业投资的信心，使得气电发展未能实现预期目标。

（二）气源保障能力薄弱，供需矛盾突出

1. 供需失衡与对外依存度高

近年来，工业燃料、城市燃气和发电用气等共同拉动我国天然气消费稳步增长。2023年，我国天然气消费量3945亿立方米，年增量约220亿立方米，占一次能源消费比重提升至8.5%。

在供给侧，“增储上产七年行动计划”持续推进，2023年全国规模以上工业天然气产量2324亿立方米，年增量123亿立方米，连续7年增产超百亿立方米。虽然我国天然气生产保持快速增长，但国内增产难以完全满足消费快速增长的需要，导致我国进口天然气规模持续维持高位，外采率仍保持在40%以上，且未来随着能源需求继续增长，天然气外采率可能在现有高位基础上还将有所提高。

受大国竞争及乌克兰危机等地缘政治影响，高油气外采率将是我国能源战略安全的重要影响因素之一。同时，当前管道建设过程中与城乡规划、生态保护红线等环境敏感区域的矛盾时有发生，管道及储气设施规划建设难度增大，天然气管网建设相对滞后、输配效率较低，大大增加了冬季高峰期输气保供的复杂性和难度。

此外，我国天然气应急调峰能力建设仍然不足，“十四五”时期尚待加强并探索建立一套符合市场经济规律的储气调峰服务新模式及价格新机制，以突破企业投资回报率低、投资积极性不高的瓶颈。这些制约因素在一定程度上削弱了投资者和决策者发展气电的信心。

2. 季节性供气矛盾凸显

我国天然气消费峰谷差显著，气源供应存在明显的季节性矛盾。在极寒天气等情况下，冬季民生用气和发电用气之间存在冲突，根据“压非保民”原则，需优先保障民生用气和不可中断工业用气，气电的气源保障存在一定不确定性。尤其是“十三五”中后期以来，在“煤改气”政策推动下，我国天然气消费快速增长，而国内天然气产量增速相对较低，用气高峰时段天然气供应短缺问题较为严重。为优先保障居民用气，不得不对气电采取限供，甚至停供。2017 年冬季发生的“气荒”更是引发了各界对天然气供应安全的担忧，天然气利用政策也出现了摇摆，这在一定程度上妨碍了天然气发电发展目标的实现。虽然这种情况具有偶然性和特殊性，但目前气电项目投资方对于气源供应稳定性仍存担忧。

（三）燃料成本过高，发电经济性较差

1. 燃料成本占比过高

我国天然气价格显著高于欧美，发电用气成本占总成本的 70%~80%。2024 年各地区天然气基准门站价格差异较大（如广东 2.04 元 / 立方米，新疆 1.03 元 / 立方米，见表 1–4），叠加管输费、配气费后，部分地区用气成本达 2.8~3 元 / 立方米，推高发电成本至 0.53~0.6 元 / 千瓦 · 时。

2. 电价机制不完善

气电上网电价主要参考燃煤标杆电价（如广东 0.655 元 / 千瓦 · 时），但显著高于煤电（0.462 元 / 千瓦 · 时）和核电（0.4056~0.435 元 / 千瓦 · 时）。尽管部分地区推行两部制电价，但依赖地方财政补贴的模式难

以持续。随着气电向调峰功能转型，利用小时数下降将进一步加剧经济压力。

目前，各地发电用气价格普遍是在各省天然气基准门站价格基础上叠加区域管网输配费用形成的，部分地区执行旺季上浮、淡季降价的策略。燃料成本在天然气发电成本中的占比最高，可达 70%~80%，甚至更高，且部分燃气电厂并不是天然气企业的直供用户，还需要增加管输费、配气费等，进一步增加了燃料成本。2016 年后，天然气价格波动上涨，特别是 2020 年以来，天然气价格几度攀升，给天然气发电企业经营带来巨大压力。2024 年我国各地区天然气基准门站价格如表 1-4 所示。

表 1-4　2024 年我国各地区天然气基准门站价格

单位：元 / 千立方米（含 9% 增值税）

省份	基准门站价格	省份	基准门站价格
北京	1860	湖北	1820
天津	1860	湖南	1820
河北	1840	广东	2040
山西	1770	广西	1870
内蒙古	1220	海南	1520
辽宁	1840	重庆	1520
吉林	1640	四川	1530
黑龙江	1640	贵州	1590
上海	2040	云南	1590
江苏	2020	陕西	1220
浙江	2030	甘肃	1310
安徽	1950	宁夏	1390
江西	1820	青海	1150
山东	1840	新疆	1030
河南	1870		

此外，与其他多数电源类型相比，天然气发电上网电价较高，市场竞争优势相对较弱。

目前，国家层面并没有对天然气发电出台统一的价格政策，《关于规范天然气发电上网电价管理有关问题的通知》是目前唯一从国家层面对气电上网电价给予规范的文件。文件提出“除分布式能源外，气电上网电价基本是参考当地燃煤发电上网标杆电价，具体电价水平由省级价格管理部门制定”。可见，当前天然气发电的上网电价无法体现其灵活、低碳的多元价值，气电定价机制尚不完善。

以气电大省广东为例，广东天然气基准门站价格在 2 元 / 立方米以上，再加上其他管输费用后用气价格在 2.8~3 元 / 立方米，1 立方米天然气可发 5 千瓦 · 时的电，其中燃料成本在 0.53~0.6 元 / 千瓦 · 时，气电上网标杆电价在 0.655 元 / 千瓦 · 时。广东煤电长协价格约 0.462 元 / 千瓦 · 时，核电电价在 0.4056~0.435 元 / 千瓦 · 时，高燃料成本导致气电价格明显偏高。尽管长三角等地区出台了两部制电价以保障气电机组的基本效益，但气电价格矛盾主要依靠地方财政解决。随着气电装机规模和发电量不断增长，地方财政补贴将难以为继。特别地，未来随着气电机组功能定位调整，作为灵活调节电源的气电机组年发电利用小时数会逐步下降，其经济收益和可持续发展的不确定性将进一步加大。

（四）燃气轮机等部分核心技术存在“卡脖子”现象

燃气轮机作为天然气发电的核心设备，素有“装备制造业皇冠上的明珠”之称，主要发达国家均将其列为保障国家安全、能源安全及维持国际竞争力的战略产业。目前，我国已具备轻型燃气轮机自主化生产能力，但重型燃气轮机仍高度依赖进口。重型燃气轮机的设计、制造、试验等尖端技术基本被美国通用电气、德国西门子、日本三菱等企业垄断。

国内三大动力集团（哈尔滨电气、上海电气、东方电气）虽已与国际燃气轮机供应商组建联合体，共同生产燃气轮机，部分企业也掌握了冷端部件制造与整机组装技术，但核心的设计技术以及燃烧气阀、燃烧室陶瓷片等热端零部件制造依然依赖进口。直至2020年前后，我国才初步具备重型燃气轮机高温部件制造能力，并构建起研发设计、制造试验和运行维护相结合的合作机制，但在重型燃气轮机的设计、热端部件制造、维修以及控制等关键技术领域，与世界先进水平仍存在较大差距，相关研究试验基础设施也较为薄弱。

2024年10月，我国自主研制的300兆瓦级F级重型燃气轮机在上海临港首次点火成功，标志着项目研制全面进入整机试验验证阶段（见图1-17）。这是我国首次自主研制的最大功率、最高技术等级重型燃气轮机，技术指标与国际主流F级重型燃气轮机相当。该机型采用的新技术、新材料、新工艺，对我国燃气轮机基础学科进步、产业技术发展具有显著的带动辐射作用，对保障国家能源安全和推动绿色发展意义重大。

图1-17　我国自主研制的300兆瓦级F级重型燃气轮机成功下线

资料来源：央视新闻。

总体而言，尽管我国重型燃气轮机生产与制造技术的国产化水平大幅提升，按零部件数量计算，国产化率超过70%，但按价值计算，国产化比重远低于这一水平，尚未形成涵盖研发、设计、试验与维保等环节，完整的自主可控重型燃气轮机产业体系。

第二章

“双碳”目标下能源转型方向及气电发展新机遇新挑战

第一节 “双碳”目标下能源转型面临的新形势新要求

一、践行“双碳”目标对能源电力低碳转型提出新要求

（一）实现“双碳”目标是破除资源环境约束、实现可持续发展的必然要求

1. 立足新发展阶段的内在要求

党的十八大以来，以习近平同志为核心的党中央贯彻新发展理念，坚定不移走生态优先、绿色低碳发展道路，着力推动我国经济社会发展全面绿色转型，取得了显著成效。

2020 年 9 月，在第七十五届联合国大会一般性辩论上，习近平主席明确提出，“中国将提高国家自主贡献力度，采取更加有力的政策和措施，二氧化碳排放力争于 2030 年前达到峰值，努力争取 2060 年前实现碳中和”，向世界作出了实现“双碳”目标的郑重宣示。

习近平总书记明确指出，实现“双碳”目标，不是别人让我们做，而是我们自己必须做。这一论断充分体现了党中央推进碳达峰碳中和工作的责任担当，也反映了实现“双碳”目标的必要性和紧迫性。

实现“双碳”目标是把握立足新发展阶段、贯彻新发展理念、构建

新发展格局、推动高质量发展的内在要求。在全面建成小康社会、实现第一个百年奋斗目标之后，我国进入了全面建设社会主义现代化国家、向第二个百年奋斗目标进军的新发展阶段。新征程上，我们以中国式现代化全面推进中华民族伟大复兴，协同推进人民富裕、国家强盛、中国美丽。同时，随着我国经济由高速增长阶段转向高质量发展阶段，生态环境的支撑作用越来越明显，必须坚定不移走生态优先、绿色低碳的高质量发展道路。

习近平总书记对“高质量发展”的含义作了深刻阐释，指出高质量发展就是“能够很好满足人民日益增长的美好生活需要的发展，是体现新发展理念的发展，是创新成为第一动力、协调成为内生特点、绿色成为普遍形态、开放成为必由之路、共享成为根本目的的发展”。这意味着实现高质量发展必须实现依靠创新驱动的内涵型增长，改变过去生产过多依赖增加物质资源消耗、过多依赖规模粗放扩张、过多依赖高能耗高排放产业的发展模式。然而，进入新发展阶段，我国生态文明建设仍然面临诸多矛盾和挑战，生态环境质量同构建新发展格局、推动高质量发展、全面建设社会主义现代化国家的要求相比，还有不小差距。

特别是“十四五”时期，我国生态文明建设步入以降碳为战略核心、推进减污降碳协同增效、加速经济社会发展全面绿色转型的关键阶段，这一时期将助力生态环境质量实现从量变积累到质变飞跃的历史性跨越。这一现状也决定了我国必须通过实现“双碳”目标来破解经济社会发展中的难题，推动我国经济社会发展全面绿色转型。

2. 突破资源环境瓶颈的迫切需要

从资源环境约束来看，我国多年形成了以高能耗、高碳排放为特征的产业结构，高能耗工业特别是重化工业比重偏高，工业能源消费量占全社会能源消费总量的65%左右，其中钢铁、建材、石化化工、有色金属等五大耗能产业就占近50%。而当前我国的环境承载能力已经达到或接近上限，也已难以承载高消耗、粗放型的发展。

从能源结构来看，经过长期发展，我国已成为世界上最大的能源生产国和消费国，但能源消费仍保持刚性增长。同时，我国能源生产和消费逆向分布特征明显，中东部地区能源消费量占全国比重超过 70%，而重要能源基地主要分布在西部地区。我们面临着能源需求压力巨大、能源供给制约较多、能源生产和消费对生态环境损害严重、能源技术总体落后等制约可持续发展的诸多挑战。

3. 担当大国责任的主动选择

实现“双碳”目标是主动担当大国责任、推动构建人类命运共同体的迫切需要。应对气候变化是参与全球治理和坚持多边主义的重要领域，事关我国发展的全局和长远。作为全球生态文明建设的重要参与者、推动者、引领者，中国主动承担与国情相符的国际责任，不断自主加大应对气候变化行动力度，推动和引领国际社会应对气候变化的国际合作，积极为建设清洁美丽世界、构建地球生命共同体、构建人类命运共同体而努力。

应对气候变化与经济社会发展之间并不是相悖的，而应当是相互协调、相互促进的。习近平总书记强调：“只要是对全人类有益的事情，中国就应该义不容辞地做，并且做好。”就我国而言，实现“双碳”目标意味着中国将完成高碳排放强度降幅，在全球历史上用最短的时间实现从碳达峰到碳中和，这是在用实际行动为保护地球家园、实现人类可持续发展作出贡献。同时，作为最大的发展中国家，中国始终积极履行气候治理责任，致力于推动在双边、多边、区域经贸合作机制磋商谈判中充分考虑气候变化因素，兼顾气候议题与发展诉求，为绿色贸易、绿色投资、绿色金融等拓展空间创造便利条件。例如，中国积极促进应对气候变化南南合作，设立中国气候变化南南合作基金，并启动“十百千”项目，在发展中国家开展 10 个低碳示范区、100 个减缓和适应气候变化项目及1000个应对气候变化培训名额的合作项目。

（二）实现“双碳”目标要求加快推动电力低碳转型

1.电力行业是碳减排的核心领域

实现碳达峰碳中和是党中央统筹国内国际两个大局作出的重大战略决策，是我国立足新发展阶段、贯彻新发展理念、构建新发展格局的重要内容和必然要求。就我国而言，能源活动是二氧化碳主要排放源，能源消费产生的二氧化碳排放占总排放量的80%以上，电力在能源消费产生的二氧化碳排放中的占比约40%。

未来，我国能源系统将发生颠覆性变革，供给侧将由以化石能源为主向以低碳零碳的非化石能源为主转型，消费侧也将逐步构建以电力为中心的消费格局。因此，电力系统低碳转型不仅是其自身实现“双碳”目标的必然选择，也是加速推动工业、建筑、交通等其他主要用能领域深度脱碳的重要前提。因此，电力行业是碳减排的关键领域，肩负着实现碳达峰碳中和的重要使命。可以说，践行碳达峰碳中和战略，能源是主战场，电力是主力军。

2.构建新型电力系统是实现“双碳”目标的必然路径

自2020年我国提出“双碳”目标以来，能源绿色低碳转型政策体系持续完善。2021年3月15日，中央财经委员会第九次会议明确提出“深化电力体制改革，构建新型电力系统”，首次明确了新能源在未来电力系统中的主体地位，为电力发展指明了目标与方向，加快构建新型电力系统也是我国实现碳达峰碳中和的必然要求。

在此过程中，能源电力系统将由化石能源主导向非化石能源主导转变，通过非化石能源大规模开发、大范围配置和高效率使用，实现化石能源逐步退出并建立以清洁电力为核心的能源系统。我国电源结构将由以煤电为主向“风光为主、多源协同”转变，风电、光伏等新能源发电将逐步成为电力供应的主体。

但构建新型电力系统将是一场战略性、系统性、全局性变革，发电侧、电网侧、用电侧、储能侧和系统侧都将发生颠覆性调整，将给能源电力供需格局带来重大影响。电力系统结构形态变化如图 2–1 所示。

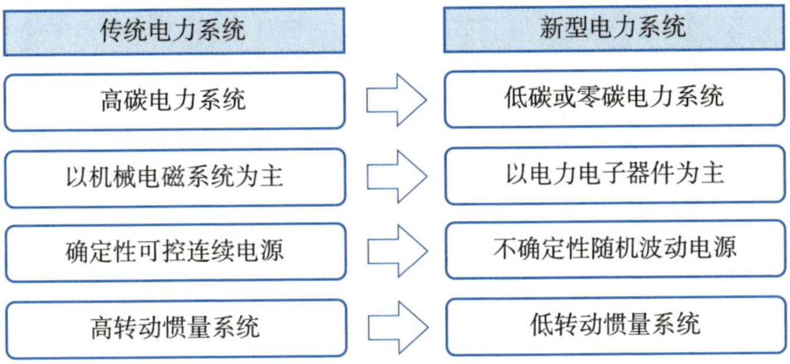

图 2–1 电力系统结构形态变化

专栏 2–1 新型电力系统的主要特点

当前，我国多区域交直流混联的大电网结构日趋复杂，间歇性、波动性新能源发电接入电网规模快速扩大，新型电力电子设备应用比例大幅提升，极大地改变了传统电力系统的运行规律和特性，系统电力平衡保障难度越来越大。随着新能源发电占比不断提升，新能源出力不足和消纳受限问题将频繁交替出现。构建以新能源为主体的新型电力系统，增强灵活性和柔性，提高资源优化配置能力，实现多能互补、源网荷储高效协同，有效平衡新能源的波动性、随机性和不确定性，实现智慧友好，是推进能源安全新战略、促进电力高质量发展、保障电力供需平衡的必由之路。新型电力系统与传统电力系统存在根本性差异，在纵向源、网、荷、储不同环节和横向多能互补、多元融合系统交互等方面都将发生新的变化。新型电力系统特点如图 2–2 所示。

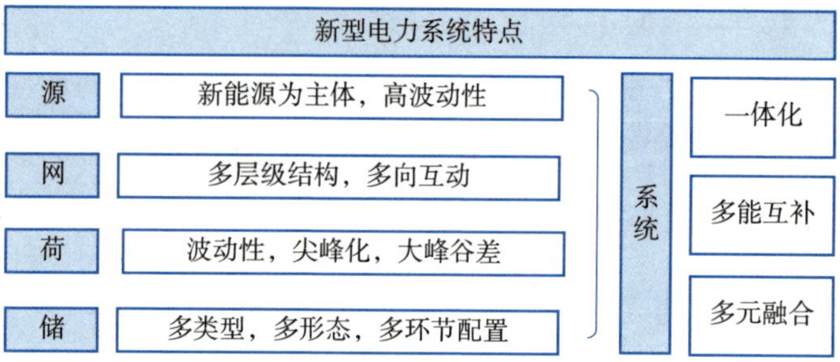

图 2-2　新型电力系统特点

1. 在发电侧

新型电力系统是一个以新能源为主体的系统，各类电源的定位作用发生转变。煤电将转变为以提供电力为主、电量为辅的应急备用和调峰电源。气电主要作为调节性和保安电源。水电和核电仍然是保障电力电量供应的基础性电源。抽水蓄能仍保持削峰填谷、紧急事故备用作用。新能源从原来能源电力的增量补充变为增量主体，逐步成为提供电量支撑的主体电源。

2. 在电网侧

新型电力系统的电网结构形态将发生转变，网架结构更加多样复杂，形成输电网、配电网、微电网、建筑单元等多层级结构，提升电网资源配置、多向互动能力。远距离输电网有机整合各类可再生能源，实现时空互补，将资源密集区域电力向负荷密集区域输送；配电网、微电网和建筑单元可就地利用分散资源，将小规模分布式发电连接到电网，形成众多的产用储一体化聚合体。

3. 在用电侧

5G 基站、储能电站、电动汽车等新型负荷不断发展，传统的电力用户形态将由电力消费者逐步转变为电力产消者（生产消费一体化），负荷波动性、不确定性增强，尖峰化加剧，峰谷差逐步拉大。通过智能感知、激励引导等方式，推动精细化需求侧管理，电力供需灵活互动增强，系统运行效率不断提升。

4. 在储能侧

多种储能类型、多元化储能形态、多样化时间尺度储能技术快速发展，并在源、网、荷侧广泛高效应用，一方面改善电力系统总体运行状况，另一方面增强系统应急储备能力。

5. 在系统侧

新型电力系统需要以数字化技术为支撑，推动实现系统灵活高效运行，实现横向多能互补、纵向源网荷储协调。在未来大规模新能源并网情景下，电力、天然气、热力、信息等多网耦合加速推进，以数字化、智能化技术优化系统能量流动，推动能源电力系统向清洁化、综合化、智慧化转型发展。

（三）碳达峰碳中和工作稳步推进 “1+N”政策体系初步建立

党中央着眼于中华民族伟大复兴的千秋伟业，从前瞻性视角进行全局性谋划，对推进碳达峰碳中和作出系统全面部署。习近平总书记多次就碳达峰碳中和工作发表重要讲话，牢牢把握我国经济社会发展的理论逻辑、历史逻辑、现实逻辑，为积极稳妥推进碳达峰碳中和指明了前进方向和发展道路。

专栏 2-2 党中央决策部署碳达峰碳中和工作

党的十九届五中全会将碳达峰纳入《中共中央关于制定国民经济和社会发展第十四个五年规划和二〇三五年远景目标的建议》。在 2020 年中央经济工作会议上习近平总书记发表重要讲话，把做好碳达峰碳中和工作列为2021年八大重点任务之一。

在2021年3月15日召开的中央财经委员会第九次会议上，习近平总书记对碳达峰碳中和工作作出总体部署，强调实现碳达峰碳中和是一场硬仗，是对我们党治国理政能力的一场大考，要求各级党委和政府扛起责任，确保如期实现2030年前碳达峰、2060年前碳中和的目标。

在2021年4月30日中央政治局第二十九次集体学习时，习近平总书记强调指出，“十四五”期间，我国生态文明建设进入了以降碳为重点战略方向、推动减污降碳协同增效、促进经济社会发展全面绿色转型、实现生态环境质量改善由量变到质变的关键时期。各级党委和政府要明确时间表、路线图、施工图，把经济社会发展建立在资源高效利用和绿色低碳发展的基础之上。

在2021年中央经济工作会议上，习近平总书记将正确认识和把握碳达峰碳中和作为五个重大理论和实践问题之一，强调绿色低碳发展是经济社会发展全面转型的复杂工程和长期任务，能源结构、产业结构调整不可能一蹴而就，更不能脱离实际。

2022年1月24日，中央政治局围绕努力实现“双碳”目标进行第三十六次集体学习，习近平总书记发表重要讲话，将碳达峰碳中和工作纳入生态文明建设整体布局和经济社会发展全局。

2022年10月16日，习近平总书记在党的二十大报告中强调指出，要积极稳妥推进碳达峰碳中和，立足我国能源资源禀赋，坚持先立后破，有计划分步骤实施碳达峰行动；深入推进能源革命，加强煤炭清洁高效利用，加快规划建设新型能源体系，积极参与应对气候变化全球治理。

资料来源：笔者根据公开资料和报道整理。

自“双碳”目标提出以来，各地区各部门认真贯彻党中央、国务院决策部署，扎实推进各项任务，碳达峰碳中和工作稳步推进，实现良好开局。具体如下：

1. 建立统筹协调机制

中央层面成立碳达峰碳中和工作领导小组，国家发展改革委履行领导小组办公室职责，强化组织领导与统筹协调，形成上下联动、各方协同的工作体系。

2. 构建“1+N”政策体系

党中央、国务院出台《关于完整准确全面贯彻新发展理念做好碳达峰碳中和工作的意见》，国务院印发《2030年前碳达峰行动方案》，各有关部门制定分领域、分行业实施方案及支撑保障政策，各省（区、市）制定本地区碳达峰实施方案，已明确碳达峰碳中和时间表、路线图、施工图，全面推动碳达峰碳中和工作。目前，碳达峰碳中和“1+N”政策体系已建立，政策体系框架如图2–3所示。

1	顶层设计	《关于完整准确全面贯彻新发展理念做好碳达峰碳中和工作的意见》《2030年前碳达峰行动方案》
N	重点领域碳达峰实施方案	能源、工业、交通运输、城乡建设、农业农村等
	重点行业碳达峰实施方案	煤炭、石油天然气、钢铁、有色金属、有色化工、建材等
	支撑保障方案	科技支撑、财政支持、绿色金融、绿色消费、生态碳汇、减污降碳、统计核算、人才培养、干部培训等

图2–3 碳达峰碳中和“1+N”政策体系框架

3. 稳妥有序推进能源绿色低碳转型

针对“双碳”目标提出后，部分地方、行业出现运动式减碳、未立先破、“碳冲锋”等乱象，党和国家明确实现“双碳”目标是广泛深刻的经济社会系统性变革，要求将系统观念贯穿碳达峰碳中和工作全过程，处理好发展与减排、整体与局部、长远目标与短期目标、政府与市场四大关系。

强调必须立足我国能源资源禀赋，坚持先立后破、通盘谋划，传统能源逐步退出必须建立在新能源安全可靠替代基础上。同时，进一步完善能耗“双控”制度，明确新增非化石能源和原料用能不纳入能源消费总量控制，推动能源“双控”向碳排放总量和强度“双控”转变，确保碳达峰行动稳妥有序、循序渐进，实现安全降碳。

二、加快规划建设新型能源体系为新时代我国能源高质量发展指明方向

党的二十大擘画了以中国式现代化全面推进中华民族伟大复兴的宏伟蓝图，围绕推进中国式现代化，全方位部署了各领域重点任务。其中，“加快规划建设新型能源体系”是党中央对新时代新征程推进能源高质量发展、支撑保障中国式现代化的新部署新要求，也是洞察全球能源发展大势、深入推进能源生产和消费革命战略的重大决策。新型能源体系与“四个革命、一个合作”能源安全新战略一脉相承，是能源体系不断演进升级、实现系统性重塑的新形态。加快规划建设新型能源体系，指明了能源高质量发展的前进方向，将成为未来能源工作的主题主线。

一直以来，传统能源体系无法兼顾安全性、经济性和绿色性，即所谓的能源“不可能三角”。把所谓的“不可能三角”变为“包容性三角”，正是我国深入推进能源生产和消费革命，建设新型能源体系的本质要求。顺应全球技术进步与能源变革趋势，长远来看，要建成以非化石能源为供应主体，以电力为主要终端用能形式，以新型电力系统为平台枢纽，供需双方灵活智能互动，实现绿色、安全、经济有效统一，具备清洁低碳、安全高效特征的新型能源体系。与传统能源体系相比，新型能源体系是在碳达峰碳中和战略目标下对现代能源体系的延伸拓展，将引领我国能源高质量发展，其主要具备以下特征，思路框架示意图

如图 2-4 所示。

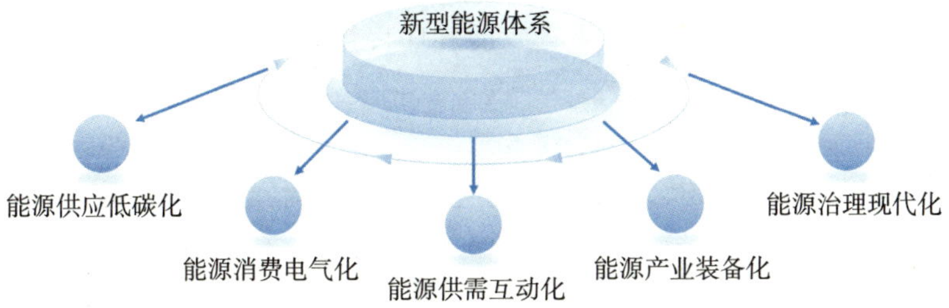

图 2-4　新型能源体系的五大内涵特征

1. 能源供应低碳化

长期以来，煤炭、石油、天然气等化石能源是我国能源供应主体。2023 年，化石能源在我国能源结构中占比高达 82.1%，仍占据绝对主导地位。未来，随着非化石能源开发利用技术进步，太阳能、风能、生物质能、水能、核能等将成为更主要的能源来源。我国已提出到 2060 年非化石能源占比达 80% 的目标。此外，CCUS 技术的发展，为化石能源低碳零碳利用提供了技术可能。届时，非化石能源大规模发展与化石能源低碳利用优化组合，将推动我国能源供应实现全面低碳化转型。

2. 能源消费电气化

过去，不同行业终端能源利用技术、方式差异大，形成多元化终端能源消费结构，煤炭（含焦炭）、油品、天然气、电力、热力均占较大比重，尤其油品在交通领域、焦炭在冶金领域占绝对主导。从发达国家的经验来看，经历第二次工业革命和电气化革命后，电能占终端用能的比重稳定在 20%~25%。近年来，随着新能源、新技术的发展，“再电气化”成为趋势，推动能源消费电气化水平提升。2023 年，我国电能占终端能源消费比重已达 28%。

未来，随着一次能源更多转化为电能利用，新技术、新模式广泛应用电能，加之电能技术进步，电能将在工业、建筑、交通等领域大规模替代其他能源，终端用能占比持续提升。综合研究，到2060年我国电能占终端能源消费比重将超60%，电力作为主要终端能源，将与热力、氢能等互补联动，保障经济高质量发展和居民用能需求。

3. 能源供需互动化

长期以来，能源电力供需平衡遵循“源随荷动”“以需定供”模式，能源基础设施投资基于中长期需求规划，短期平衡依赖基础设施与资源保障，需求侧对供应侧响应不足，导致供需平衡挑战突出。未来，随着互联网、大数据、人工智能等技术与能源产业深度融合，能源系统将从供应单向调节转向智能灵活调节、供需实时互动。综合能源服务、智慧用能模式大规模应用，使能源需求信息实时反馈至供应侧，助力能源产业链主体基于海量数据精准决策，既促进供需高水平平衡，又优化能源供给体系，提升能源全系统效率。

4. 能源产业装备化

传统能源体系以生产供应化石能源为主，化石能源资源的耗竭性和稀缺性决定了能源产业的成本，是典型的资源密集型产业。可再生能源与化石能源的资源属性存在巨大差异，其开发利用成本主要由技术装备水平决定。随着可再生能源成为新型能源体系的主体，技术装备水平将决定能源产业的成本和竞争力。这就要求着力增强能源科技创新能力，紧跟乃至引领世界能源科技前沿方向，重点围绕低碳化、高效化、智能化技术开展攻关，培育壮大风能、太阳能、核能、氢能、储能、智能电网等装备制造产业，形成以创新驱动为根本、竞争力不断提升的能源产业新体系，以新型能源科技装备产业塑造新型能源体系。

5. 能源治理现代化

长期以来，我国能源领域实行大政府、大企业集中统一管理。伴随社会主义市场经济体制改革，能源各环节市场开放度提高，竞争性价格机制作用增强。随着新型能源体系建设推进，特别是分布式能源发展，能源生产组织方式从集中式、一体化向分散化、扁平化转变，经营主体更趋多元，管理难度增加，必然要求构建现代化能源治理方式：一方面，健全统一开放、竞争有序的现代化能源市场体系，发挥市场配置资源的决定性作用；另一方面，更好发挥政府作用，做好宏观战略管理，引领能源转型，深化有效监管，维护市场公平开放与安全运行。

三、统筹能源发展和安全是能源转型过渡阶段的底线要求

当今世界正处于百年未有之大变局，地缘政治博弈复杂、大国竞争加剧、国际经贸投资规则秩序重构，激发能源安全多重矛盾。我国总体仍处于工业化中后期、城镇化快速推进阶段，能源电力需求持续增长，同步推进能源结构调整与保障能源安全供给难度较大，能源战略安全和运行安全风险不容忽视。

（一）能源战略安全风险不容忽视

1. 油气贸易通道风险突出

当前我国大量石油、天然气进口通过海上运输，相当一部分途经霍尔木兹海峡、马六甲海峡等通道。进口能源海上运输面临受干扰甚至中断风险，跨境油气进口管道面临途经国安全形势、地质灾害等风险。同时，我国能源基础设施还面临运输船舶、相关港口企业受制裁等风险，极端情况下海外油气资源保障风险较大。

2. 新能源产业链“卡脖子”隐患

我国锂、钴、镍等稀有金属资源，以及基础芯片、底层软件等核心部件部分依赖进口，成为新发展阶段能源战略安全的新风险点。

（二）能源运行安全隐患日益复杂

1. 供需失衡与极端天气冲击

时段性、区域性能源电力供应紧张频发，成为能源供需矛盾的主要表现。“煤改气”快速推进且用气需求集中于供暖季，当前电化学储能等储调技术仅能满足电力短期调峰需求，储调能力不足，成为能源系统安全运行的短板之一。

2. 极端天气影响加剧

近年来，受气候变化影响，全球极端天气呈现频发、强发态势，引发的电力安全事件屡见不鲜。若出现持续寒潮、异常高温等极端天气，或导致电力需求激增、电力负荷飙升、刚性需求“拦不住”，或导致电源出力不足、基础设施受限、电力供应“顶不上”，一旦出现电力需求大增而供应能力大减的逆向叠加，势必将引发严重的电力安全问题。

3. 传统能源兜底能力弱化

全球性化石能源退出预期加强，我国传统能源兜底保障能力存在减弱风险。全球油气上游投资大幅下降，我国火电行业扩大再生产投资意愿不足，部分地方和企业为完成绿色发展目标，加速推动煤炭和煤电产能退出，可能导致部分地区、时段出现化石能源“兜不住底”的情况。

（三）坚持“先立后破”，统筹转型与安全

能源绿色低碳转型是一个长期过程，无法一蹴而就。我国正处于新能源替代传统能源的关键过渡期，习近平总书记明确指出，“坚持先立后破、通盘谋划，传统能源逐步退出必须建立在新能源安全可靠的替代基础上”。这明确了能源绿色低碳发展的基本原则与思路，指明传统能源与新能源的接续替代关系。随着新型能源体系建设推进，新能源

“立”与传统能源“破”是市场格局调整的必然趋势。在此过程中，需统筹新能源与传统能源关系，做好“立”“破”衔接，在发展新能源的同时，发挥传统能源的兜底保障作用，推动能源低碳转型与安全保供协同发展。

第二节 新要求下气电发展存在新机遇

一、政策导向越发明晰，气电发展仍具较大潜力

在“双碳”目标引领下，我国能源绿色低碳转型加速推进，天然气发电凭借清洁、灵活、高效特性，在新型能源体系构建中展现出独特优势。党的二十大报告提出“加快规划建设新型能源体系”，为天然气发电等清洁高效能源发展指明战略方向。近年来，国家出台一系列政策文件，持续优化天然气发电政策环境，为其在碳达峰碳中和进程中发挥更大作用提供有力支撑（见表 2–1）。

表 2–1 “十四五”以来国家出台重要政策涉及天然气发电相关内容

时间	名称	文号	主要内容
2021 年 10 月 24 日	国务院《2030 年前碳达峰行动方案》	国发〔2021〕23 号	有序引导天然气消费，优化利用结构，优先保障民生用气，大力推动天然气与多种能源融合发展，因地制宜建设天然气调峰电站，合理引导工业用气和化工原料用气
2022 年 1 月 29 日	国家发展改革委 国家能源局《“十四五”现代能源体系规划》	发改能源〔2022〕210 号	因地制宜建设天然气调峰电站和发展储热型太阳能热发电，推动气电、太阳能热发电与风电、光伏发电融合发展、联合运行

续表

时间	名称	文号	主要内容
2022 年 2 月 30 日	国家发展改革委 国家能源局《关于完善能源绿色低碳转型体制机制和政策措施的意见》	发改能源〔2022〕206 号	按照电力系统安全稳定运行和保供需要，加强煤电机组与非化石能源发电、天然气发电及储能的整体协同。因地制宜建设既满足电力运行调峰需要，又对天然气消费季节差具有调节作用的天然气“双调峰”电站。完善支持灵活性煤电机组、天然气调峰机组、水电、太阳能热发电和储能等调节性电源运行的价格补偿机制
2023 年 2 月 27 日	国家能源局《加快油气勘探开发与新能源融合发展行动方案（2023—2025 年）》	国能发油气〔2023〕21 号	统筹油气增产与新能源开发、新能源消纳与储能、风光发电与气电调峰的关系，加快构建油气勘探开发与新能源融合发展模式，实现油气保障供应与绿色低碳转型相统一
2024 年 6 月 3 日	国家发展改革委《天然气利用管理办法》	国家发展和改革委员会令第 21 号	天然气利用优先类为有利于保障国家能源安全和实现“双碳”目标，有利于产业结构优化升级，有利于保障民生、提升人民群众生活水平，具有良好经济性和社会效益的天然气利用方向。优先类包括气源落实、具有经济可持续性的天然气调峰电站项目
2024 年 7 月 31 日	中共中央　国务院《关于加快经济社会发展全面绿色转型的意见》	—	加强清洁能源基地、调节性资源和输电通道在规模能力、空间布局、建设节奏等方面的衔接协同，鼓励在气源可落实、气价可承受地区布局天然气调峰电站，科学布局抽水蓄能、新型储能、光热发电，提升电力系统安全运行和综合调节能力

从政策导向看，我国天然气发电定位与路径越发清晰。

《2030 年前碳达峰行动方案》提出“大力推动天然气与多种能源融合发展，因地制宜建设天然气调峰电站”，将气电视为能源协同发展的重要环节。

《关于完善能源绿色低碳转型体制机制和政策措施的意见》强调，通过建设天然气“双调峰”电站，兼顾电力系统调峰与天然气消费季节调节需求，同时完善灵活性电源价格补偿机制，为气电市场化运营提供制度保障。

2024 年 6 月，国家发展改革委发布《天然气利用管理办法》，释放积极信号：将气源落实、具经济可持续性的天然气调峰电站列为“优先类”用气项目，调整煤炭基地基荷燃气发电项目分类，解除部分地区对气电的绝对限制，为不同地区按需发展气电创造政策空间。

这些政策举措表明，天然气发电在能源安全保供、电力系统灵活性提升、清洁能源消纳等方面的作用日益受到重视。作为清洁高效的能源转换方式，天然气发电与风电、光伏等可再生能源协同，可有效补齐新能源出力波动短板，提升电力系统的稳定性；其污染物排放量显著低于燃煤发电，也契合能源绿色低碳转型要求。随着政策体系完善与技术进步，天然气发电有望在未来能源结构中占据更重要地位，为我国实现“双碳”目标提供坚实支撑。

二、新能源发电超预期增长，气电灵活调节作用需进一步发挥

（一）新能源装机超预期增长，能源结构加速变革

近年来，我国加快推动风电、光伏等新能源跨越式发展。2020 年以来，我国风电、光伏连续 4 年新增装机超 1 亿千瓦，在当年新增装机占比均超 50%。2023 年，全国可再生能源发电装机历史性超过火电，装机占比首次突破 50%，可再生能源发电已成为新增装机和发电总装机的主体。

2024 年，我国绿色能源投资建设进一步提速，全年新增太阳能发

电装机容量2.78亿千瓦，再创历史新高，约为“十四五”前3年年均增量的2.3倍，连续两年新增装机突破2亿千瓦；新增并网风电装机容量超过7980万千瓦，同样创下历史最高值，约为“十四五”前3年年均增量的1.5倍，连续两年新增装机突破7500万千瓦。全年新增风电、太阳能发电装机容量合计高达3.6亿千瓦，占新增总发电装机容量的82%以上。

截至2024年底，我国发电装机容量达到33.5亿千瓦，非化石能源发电装机容量19.5亿千瓦，占总装机容量比重升至58.2%，水电、核电、风电、太阳能发电累计装机分别达到4.4亿千瓦、6083万千瓦、5.2亿千瓦、8.9亿千瓦。风电、太阳能发电累计装机达到14.1亿千瓦，提前6年完成我国在气候雄心峰会上承诺的“到2030年中国风电、太阳能发电总装机容量达到12亿千瓦以上”目标，风电、太阳能发电以及生物质发电累计装机达到14.5亿千瓦，首次超过火电装机规模。

（二）电力系统调节能力不足，新能源消纳压力凸显

目前，我国正处于新能源替代传统能源的转型关键过渡期，新能源发展正在加快“立”的过程中，我国新能源发电将保持年增2亿千瓦甚至更大的发展规模。随着新能源占比越来越高，我国电力系统运行面临着“大装机、小出力”挑战，平衡调节和安全运行压力越来越大。

在此背景下，电力系统调节能力建设至关重要。电力系统调节能力是指电力系统能够可靠且经济有效地应对供需平衡动态变化，确保电力系统瞬时稳定及供电安全的能力，对于支撑新能源大规模高比例发展，推动新型电力系统加快建设具有重要意义。目前，我国电力系统储调资源主要包括抽水蓄能、调峰气电、灵活性煤电以及新型储能等多种类型，然而综合考虑电源结构、发展规模以及技术经济性等因素，我国电力储调资源建设仍存在不少问题和挑战。

1. 调节性资源建设总体滞后

一方面，与部分新能源高占比国家相比，我国优质调节电源装机占比偏低。“十三五”期间，我国新能源装机占比从 11% 提升至 24%，而抽水蓄能、调峰气电等优质调节电源装机占比一直维持在 6% 左右的较低水平，较欧洲国家等比重明显偏低。截至 2024 年底，我国抽水蓄能和气电装机规模合计 20236 万千瓦，占总电力装机规模的比重仍为 6%。另一方面，我国调节性资源建设总体滞后于规划，“十三五”期间煤电灵活性改造和抽水蓄能新增规模仅分别完成规划目标的 40% 和 50% 左右。

2. 建设与需求衔接不足

调节性资源建设与新能源发展和电力系统需求尚未充分衔接。“十四五”现代能源体系规划、可再生能源规划等政策文件，明确了新能源、煤电灵活性改造、新型储能的全国总体目标，但没有分省规模，难以指导各地优化电源布局。部分省份片面强调新能源快速发展，已批复新能源规模较大，预计“十四五”全国新增新能源规模将远超规划规模，电力系统将面临巨大的消纳压力。

3. 不同储能技术路线各有优劣

储能技术路线多，在安全性、单站规模、调节时长、响应速度、建设周期、站址资源、成本等特性方面各有优劣，单一技术路线储能不能满足全场景需求。截至 2023 年底，我国抽水蓄能在全部电力装机中占比仅 1.7%，电化学等新型储能处于起步阶段，氢能等新型储调技术实现商业化运行尚需时日，传统火电仍是补齐电力系统“储”“调”短板的关键支撑。气电在多种应用场景下均能发挥重要的电力顶峰和调峰作用，是近中期我国加强电力系统灵活调节能力建设的关键技术选择。

（三）气电灵活调节优势显著，成近中期关键选择

从技术适配性角度来看，气电清洁低碳、灵活高效的固有优势使其

成为近中期提升电力系统灵活性的关键技术选择。气电最小技术出力可低至20%以下，爬坡速率达每分钟5%~10%，远超煤电的1%~2%，且碳排放强度仅为煤电的50%左右。在新能源快速发展的过渡期，气电可与风电、光伏协同运行，有效缓解新能源出力波动，提升电力的系统稳定性。例如，气电能够在短时间内快速启停，适应电网负荷的急剧变化，为新能源消纳提供可靠支撑。

（四）政策与技术双重支撑，气电助力电力系统转型

国家政策为气电发展提供了有力支持（见表2-2）。《2030年前碳达峰行动方案》等文件明确提出“因地制宜建设天然气调峰电站”，鼓励气电与新能源融合发展。2024年修订的《天然气利用管理办法》将天然气调峰电站列为“优先类”用气项目，进一步优化了气电发展的政策环境。此外，气电与CCUS技术结合，可进一步降低碳排放，为化石能源低碳利用提供技术路径。面对新能源持续高增长的趋势，加快气电布局、完善价格补偿机制，充分发挥其在电力顶峰、调峰中的作用，可有效缓解新能源消纳压力，保障电力系统安全稳定运行。未来，气电将与抽水蓄能、新型储能等技术协同，共同支撑新型电力系统建设，推动能源高质量转型。

表2-2　2018—2024年国家出台的关于电力系统调节能力专项文件

时间	名称	主要内容	涉及气电内容
2018年3月23日	国家发展改革委 国家能源局《关于提升电力系统调节能力的指导意见》（发改能源〔2018〕364号）	着力提高电力系统的调节能力及运行效率，从负荷侧、电源侧、电网侧多措并举，重点增强系统灵活性、适应性，破解新能源消纳难题，推进绿色发展	在气源有保障、调峰需求突出的地区发展一定规模的燃气机组进行启停调峰，“十三五”期间，新增调峰气电规模500万千瓦，提升电力系统调节能力500万千瓦

续表

时间	名称	主要内容	涉及气电内容
2024年1月27日	国家发展改革委 国家能源局《关于加强电网调峰储能和智能化调度能力建设的指导意见》	统筹优化布局建设和用好电力系统调峰资源，推动电源侧、电网侧、负荷侧储能规模化高质量发展，构建灵活智能的电网调度体系，形成与新能源发展相适应的电力系统调节能力，支撑建设新型电力系统，促进能源清洁低碳转型，确保能源电力安全稳定供应	在气源有保障、气价可承受、调峰需求大的地区，适度布局一批调峰气电项目，充分发挥燃气机组快速启停优势，提升系统短时顶峰和深度调节能力
2024年12月20日	国家发展改革委 国家能源局《电力系统调节能力优化专项行动实施方案（2025—2027年）》（发改能源〔2024〕1803号）	着力针对各地区新能源合理消纳利用要求，科学分析调节能力需求规模和特征，制定各类调节资源合理配置和优化组合方案，优化各类调节资源调用方式，提高电力系统调节能力，加快推进新型电力系统建设	在具备条件的地区适度布局一批调峰气电项目，进一步提升气电调峰能力

三、气电碳排放相对较低，与煤电相比更胜一筹

（一）气电在低碳转型中的桥梁作用凸显

作为两种最成熟的火力发电形式，煤电和气电都发挥着重要的电力安全保供作用。但囿于资源禀赋差异，长期以来我国火力发电中煤电占据主导地位，气电因经济性问题使其低碳环保优势和灵活性电源价值受到抑制。但“十四五”及中远期，我国将加强对煤炭消费的控制，加大对可再生能源发展的支持力度。随着电力系统低碳转型进程加快，天然气作为“桥梁能源”的作用将更加凸显，气电作为相对低碳的“中位能源”优势也将逐步显现。

（二）发电效率显著优于煤电

与煤电相比，气电具有更低碳、更环保的优势。2017 年，由国家发展改革委、环境保护部、财政部等多部门联合印发的《加快推进天然气利用的意见》中明确提出："天然气是优质高效、绿色清洁的低碳能源，并可与可再生能源发展形成良性互补。"

从发电效率来看，气电具有明显优势。煤电中最先进的超超临界机组发电效率接近 50%，而气电早已突破这一水平。截至 2024 年，世界领先的 H 级蒸汽—燃气联合循环机组发电效率可达 62%~64%，显著高于煤电效率，为能源高效利用提供了更强保障。

（三）碳排放强度大幅低于煤电

气电的低碳特性在碳排放强度上尤为突出。天然气主要成分为甲烷（CH_4），其度电碳排放显著低于煤炭。数据显示，百万千瓦级燃煤机组碳排放强度为 700~800 克 / 千瓦・时，而气电机组碳排放强度为 400 克 / 千瓦・时左右，H 级联合循环机组的碳排放强度仅为 312 克 / 千瓦・时，相当于燃煤机组的 40% 左右。（见表 2–3）根据生态环境部联合国家统计局、国家能源局印发的《关于发布 2023 年电力碳足迹因子数据的公告》，煤电、气电的碳足迹因子分别为 0.9440 千克二氧化碳当量 / 千瓦・时、0.4792 千克二氧化碳当量 / 千瓦・时，这一优势契合全球减排趋势，使气电成为过渡时期的重要低碳电源。

表 2–3　燃煤发电与燃气发电碳排放测试指标比较

类别	平均低位发热量	单位热值含碳量	碳氧化率	二氧化碳排放系数	发电煤耗 / 气耗	单位度电排放量
原煤 / 煤电	20908 千焦 / 千克	26.4 吨碳 / 太焦	0.94%	1.9 千克二氧化碳 / 千克	300 克 / 千瓦・时	798 克 / 千瓦・时
天然气 / 气电	37620 千焦 / 立方米	15.3 吨碳 / 太焦	0.99%	2.2 千克二氧化碳 / 立方米	0.2 立方米 / 千瓦・时	411 克 / 千瓦・时

（四）环保性能全面领先煤电

与煤电相比，气电在污染物排放方面具有显著环保优势。气电在颗粒物、二氧化硫、氮氧化物等污染物排放上远低于煤电。

1. 颗粒物排放

燃气机组实际排放仅 3.1 毫克 / 标准立方米，显著低于普通燃煤机组的 14.9 毫克 / 标准立方米和超低排放燃煤机组的 3.6 毫克 / 标准立方米。

2. 二氧化硫排放

燃气机组实际可实现近零排放（0 毫克 / 标准立方米），而普通燃煤机组和超低排放燃煤机组分别为 84.7 毫克 / 标准立方米和 16.8 毫克 / 标准立方米。

3. 氮氧化物排放

燃气机组实际排放 32.2 毫克 / 标准立方米，低于普通燃煤机组的 80.6 毫克 / 标准立方米，但略高于超低排放燃煤机组的 31.8 毫克 / 标准立方米（见表 2–4）。

表 2–4 燃煤发电与燃气发电环保性能比较

单位：毫克 / 标准立方米

排放物	普通燃煤机组	超低排放燃煤机组	燃气机组排放限值	燃气机组实际排放
烟尘	14.9	3.6	5	3.1
二氧化硫	84.7	16.8	35	0
氮氧化物	80.6	31.8	50	32.2

这些数据表明，气电在环保性能上全面优于传统煤电，尤其在清洁性要求较高的场景中更具应用价值。

专栏 2-3 天然气发电掺氢燃氢成为进一步降碳的重要技术

1. 国际上天然气发电掺氢燃氢备受关注

目前，天然气掺氢技术在燃气发电领域越发受到关注，该技术不仅能够增加天然气的燃烧值，还可以充分利用现有的天然气管网等基础设施。三菱、西门子、GE 等涡轮机制造商都在开发以氢为燃料的燃气轮机。一方面，天然气掺氢的混合燃料可以以较低的碳排放量发电，而且在某些条件下，氮氧化物等其他排放物也能保持在较低水平。据报道，纽约电力局、GE 联合牵头对纽约布伦特伍德气电厂进行了 5%~44% 氢气的混合燃料试验，测试结果显示，使用含有 35% 的氢燃料混合物，二氧化碳排放减少了约 14%。另一方面，气电掺氢的经济性和综合效益仍有待加强。国际可再生能源署（IRENA）报告分析指出，天然气掺氢可能导致能源成本大幅增加，随着氢气混合到天然气管网中，会逐渐提高天然气价格。按照目前全球可再生能源制氢的平均成本水平，二氧化碳价格在 500 美元 / 吨以上时，天然气掺氢才会具备一定的经济效益。

2. 国内首个天然气机组掺氢燃烧联合循环、热电联供项目商运

2021 年 12 月，国家电投荆门绿动电厂实现 15% 掺氢燃烧改造和运行，具备纯天然气和掺氢两种运行模式的兼容能力，是我国首次在重型燃机商业机组上实施掺氢燃烧改造试验和科研攻关，也是全球范围内首个在天然气商业机组中进行掺氢燃烧的联合循环、热电联供示范项目。

2022 年 10 月，二期实现 30% 掺氢燃烧改造和运行，具备了 0%~30% 燃烧改造掺氢运行条件下自由切换的灵活性。荆门绿动电厂全景图片以及掺烧运行情况如图 2-5、图 2-6 所示。

图 2-5 国家电投荆门绿动电厂

资料来源：国家电投官网公开资料。

图 2-6 国家电投荆门绿动电厂掺烧运行情况

资料来源：国家电投官网公开资料。

在现役天然气机组中增加氢燃料来源，不仅能够有效缓解天然气用气量，保证冬季供暖安全稳定，还具有积极减碳效应，仅荆门一台54兆瓦的燃机掺氢30%情况下每年可减少二氧化碳排放达1.8万吨以上。此外，氢燃气轮机可化解我国天然气紧缺导致的燃机行业发展阻力，有利于推动燃气轮机高端装备制造产业升级。

四、天然气市场形势变化为气电气源保障提供重要支撑

（一）乌克兰危机加速全球天然气贸易格局重构

2022年2月乌克兰危机爆发后，美欧等西方国家将限制俄罗斯化石能源出口作为制裁手段，并实施多轮能源制裁，引发国际能源市场大幅动荡，俄罗斯与欧盟国家的能源贸易严重受损。由于长期以来俄罗斯是欧盟能源供应的重要来源，其天然气在欧盟进口中的占比曾长期保持在45%以上。突发的政治冲突给欧盟短期能源供应带来极大挑战，天然气、电力等能源价格飙升（2022年欧洲天然气价格同比上涨300%），对制造业和居民生活造成严重影响。在绿色转型政策取向更趋积极的背景下，欧盟陷入新一轮能源危机。为更好应对能源危机，欧洲根据其面临的能源和地缘安全新形势，不断调整能源安全政策，采取倾向于保障供应安全的政策。

从短期来看，为加速摆脱对俄罗斯天然气的依赖，在保障能源安全的前提下推动其能源转型，欧洲制订了重新赋能计划（REPowerEU）、绿色协议工业计划（Green Deal Industry Plan）及其配套措施，主要方式包括寻求更加多元化的天然气来源、提高天然气储气水平、延长核电站运营年限、为居民提供用能补贴等。但从长期来看，欧洲多国旨在聚焦进一步提升欧盟绿色产业的竞争力和韧性，推动欧盟及其主要国家一道竞逐全球绿色产业高地，通过大幅提高可再生能源供能占比，以彻底改变以化石燃料为主体的能源结构，提升在全球范围内关键技术和战略性

价值链的自主性和竞争力。

专栏 2-4 欧洲重新赋能计划（REPowerEU）基本情况

2022 年 2 月乌克兰危机爆发后，欧盟委员会快速草拟 REPowerEU，并于 2022 年 5 月正式审议通过。该计划以“‘减碳 55%’一揽子政策（Fit for 55）”为基础，旨在通过节能、能源供应多样化及加速发展可再生能源，应对俄乌冲突引发的能源风险，统筹低碳转型与能源安全。

1. 节能方面

欧盟委员会提议加强长期能效措施，包括将欧洲绿色协议“Fit for 55”中有约束力的能效目标从 9% 提升至 13%，并发布《欧盟节能通讯》（*EU Save Energy Communication*），明确减少 5% 天然气和石油需求的短期措施，鼓励成员国开展家庭与工业节能宣传活动。

2. 推动能源供应多样化方面

为确保能源特别是天然气供应安全，欧盟创新性地建立“欧盟能源采购平台”（EU Energy Platform），通过汇集需求、优化基础设施使用和协调与供应商的沟通，实现天然气、LNG 和氢能的优化采购。同时，为摆脱对俄罗斯天然气的依赖，欧盟通过增加天然气库存、加快基础设施建设及拓展新气源等手段，实现天然气多元化供应。例如，为保证欧洲天然气供应、应对寒冬可能带来的能源需求激增，欧盟于 2022 年 5 月出台更严格的储气规定来保障冬季供应安全，要求 11 月 1 日前各成员国储气库满库率须达 80%，且此后每年同期均须达 90%。

3. 可再生能源方面

欧盟通过新版《可再生能源发展指令》，将 2030 年可再生能源占比目标从 32% 提高至 42.5%（具约束力），指导性目标为 45%，并计划到 2030 年实现光伏装机 5.9 亿千瓦、风电装机 5.1 亿千瓦，预计 2023 年起年均需新增光伏4800万千瓦、风电3600万千瓦。届时，风电和光伏将占欧盟可再生能源发电总量的70%。

4. 计划实施成效

计划实施两年来（截至2024年5月），REPowerEU在保护欧盟国家和企业免受能源短缺方面发挥了重要的作用，欧洲不仅大幅削减了自俄罗斯的能源进口，而且加快了能源清洁低碳转型。

（1）降低天然气消费

据统计，2022年8月至2024年3月，欧盟天然气消耗量同比减少18%，节约了1250亿立方米的天然气。同时，天然气消耗量的大幅减少确保了足够多的天然气储存量，以避免极寒天气时的电力短缺。截至2024年4月1日，天然气储存量达到59%，创下了冬季结束时的最高纪录。

（2）有效减轻对俄罗斯进口化石能源的依赖

2021—2023年，来自俄罗斯的天然气进口份额从45%降至15%。为填补俄罗斯天然气减少的缺口，欧盟加大向其他天然气供应商的进口力度。截至2024年3月，挪威和美国已成为欧洲最大的天然气进口国，分别占欧盟进口规模的34%和20%。

（3）可再生能源规模快速扩大且发挥至关重要的作用

2022年至2024年5月，欧盟风电、太阳能发电发展进一步提速，风电、太阳能发电新增装机规模分别达到3300万千瓦、9600万千瓦，风能和太阳能发电量首次超过天然气发电量。

（二）全球天然气供应形势新变化或将为我国气电提供新机遇

考虑到俄罗斯在欧洲油气份额明显下降，其油气出口份额可能加快向亚太地区转移。根据国际能源署2025年1月发布的最新报告，2024年全球天然气消费呈现超预期增长，全年消费量达4.2万亿立方米，同比增长2.8%，显著高于国际能源署2024年初预测的2.0%。这一数据不仅刷新了历史纪录，也标志着全球天然气需求在经历2022年俄乌冲突冲击后，已基本恢复至疫情前水平，并实现结构性增长。

全球天然气市场区域结构变化显著。亚太地区消费贡献占全球天然气消费量的一半以上，同比增长4.3%，中国和印度等新兴市场尤为突出；欧洲因发电用气大幅下滑，已连续3年负增长，但降幅进一步收窄至0.5%，北美市场仅维持1.2%的增速。

价格方面，2024年欧洲基准天然气交易中心（Title Transfer Facility，TTF）现货均价10.9美元/百万英热单位，同比下跌15.1%；东北亚LNG现货均价11.8美元/百万英热单位，同比下跌26.6%；美国亨利枢纽天然气基准价（Henry Hub，HH）现货均价2.2美元/百万英热单位，同比下跌14.0%。随着俄罗斯管道气进一步退出欧洲市场，美国和中东LNG持续流向欧洲。欧美亚LNG市场及区域价格联动进一步增强，全球天然气市场延续宽松态势，国际气价进一步下跌。

若未来全球天然气供大于求态势持续，我国在气源获取和议价方面可能更具优势，燃料供应形势变化将为我国天然气发电行业提供战略机遇。

第三节　新形势下气电发展面临新挑战

一、天然气发电价格政策和市场机制仍待完善

在加快建设新型能源体系和新型电力系统背景下，天然气发电主要起调节性和支撑性电源作用，其发电利用小时数逐步下降是必然趋势，

电站收益稳定性和经济可行性也存在较大不确定性。

当前我国天然气发电价格政策尚不完善。国家层面缺乏明确的气电发展规划，价格主管部门对气电项目持审慎态度，定价机制存在明显滞后性。现行政策仍依据2014年出台的《关于规范天然气发电上网电价管理有关问题的通知》(发改价格〔2014〕3009号)，将定价权下放至省级部门，建立气电价格联动机制并设定封顶价格，同时鼓励地方政府通过财政补贴、气价优惠等方式解决价格矛盾。

为更好发挥气电灵活调节作用，目前江苏、上海、浙江、广东等9个省（市）已出台气电两部制电价政策（见表2–5），容量电价水平为100~816元/(千瓦·年)，普遍高于本地煤电容量电价。这些探索有助于体现气电多元价值、保障合理收益，但仍需在定价机制、区域协同等方面深化改革。

表2–5　各省（市）气电容量电价情况

省份	气电机组类型	气电容量电价	煤电容量电价
江苏	调峰机组	336［28元/(千瓦·月)］	100元/(千瓦·年)
	热电联产机组	504［10万级：42元/(千瓦·月)］ 384［20万级：32元/(千瓦·月)］ 336［40万级：28元/(千瓦·月)］	
	分布式机组	区域式：504［42元/(千瓦·月)］ 楼宇式：单一制电价、无容量电价	
上海	调峰机组	444.12［37.01元/(千瓦·月)］	100元/(千瓦·年)
	热电联产机组	438［36.50元/(千瓦·月)］	
	分布式机组	单一制电价、无容量电价	
浙江	集中式机组	9F/9E：302.4［25.2元/(千瓦·月)］ 6F：571.2［47.6元/(千瓦·月)］ 6B：394.8［32.9元/(千瓦·月)］ 9H：全电量参与电力市场、无容量电价	100元/(千瓦·年)
	分布式机组	单一制电价、无容量电价	

续表

省份	气电机组类型	气电容量电价	煤电容量电价
广东	燃气机组	100［8.33元/（千瓦·月）］	100元/（千瓦·年）
重庆	调峰机组	按固定成本加合理收益予以核定	165元/（千瓦·年）
	热电联产机组	单一制电价、无容量电价	
四川	调峰机组	H级：288［24元/（千瓦·月）］ F级：336［28元/（千瓦·月）］	165元/（千瓦·年）
山东	重型燃机	336［28元/（千瓦·月）］	100元/（千瓦·年）
河南	驻马店中原燃机、郑州燃机	420［35元/（千瓦·月）］	165元/（千瓦·年）
江西	华电九江能源站	816［68元/（千瓦·月）］	100元/（千瓦·年）

注：煤电容量电价为2024—2025年执行标准。

资料来源：国家及各省（区、市）发展改革委网站。

同时，天然气发电参与市场机制仍存在制度性障碍。近年来，我国持续深化电力体制改革，加快建设全国统一电力市场体系，形成“中长期+现货+辅助服务”的多层次市场框架，市场在资源配置中的决定性作用显著增强。但电力市场建设仍处于完善阶段，存在体系不完整、功能不完善、交易规则不统一等问题，其快速发展对天然气发电提出更高要求。长期以来，各地区天然气发电参与市场的政策机制差异较大，江苏、广东、四川、广西、山西等省（区）已开展探索：江苏、四川、广西、广东推动气电参与电力中长期交易；广东、山西试点气电参与电力现货交易。但总体来看，高比例带曲线中长期合约难以形成有效避险机制，交易价格无法完全覆盖气电机组成本；电力现货市场价格波动幅度偏小，且交易规则未针对气电机组特性进行优化，难以充分体现其价值定位。

专栏 2-5 我国电力市场建设进展

2015 年《中共中央 国务院关于进一步深化电力体制改革的若干意见》(中发〔2015〕9 号)印发以来，我国电力体制改革持续深化，电力市场建设加速推进。2022 年，国家发展改革委、国家能源局印发《关于加快建设全国统一电力市场体系的指导意见》，进一步强化全国电力市场的顶层设计，明确以“统一开放、竞争有序、安全高效、治理完善”为目标，推进适应能源结构转型的电力市场机制建设。目前，全国统一电力市场建设取得阶段性成果，形成“中长期 + 现货 + 辅助服务”多层次交易体系，省间、区域、省级交易协同发展，市场在资源配置中的决定性作用显著增强。

1. **市场化交易规模持续扩大**

近年来，随着电力市场建设不断完善，市场化交易电量占比大幅提升。“十三五”以来，全国市场化交易电量变化情况如图 2-7 所示。

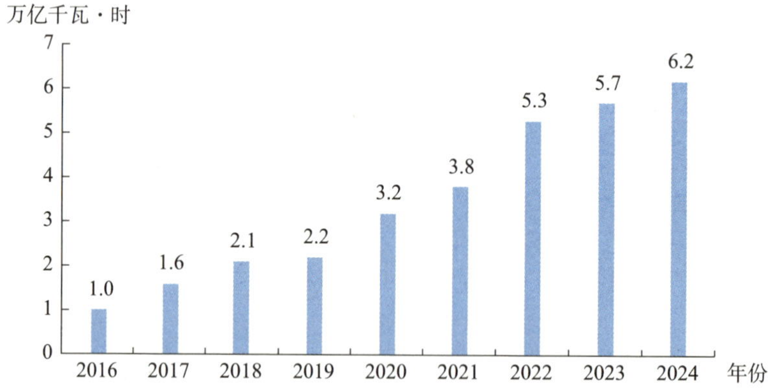

图 2-7 “十三五”以来全国市场化交易电量变化情况

资料来源：国家能源局、中电联。

2023 年，全国电力市场交易电量 5.67 万亿千瓦·时，占全社会用电量比重由2016年的17%提高到2023年的61.4%。2024年全国电力市场交易电量6.18万亿千瓦·时，同比增长9%，占全社会用电量比重进一步提升至62.7%。

新能源市场交易成效显著。2023年风电光伏市场化交易电量占风电光伏总发电量的47%，有力促进了电力资源的优化配置和可再生能源的高效利用。经营主体数量快速增长，市场活力进一步激发。截至2023年底，全国电力市场累计注册经营主体74.3万家，同比增长23.9%，其中，发电企业3.3万家、电力用户70.6万家、售电公司4074家。此外，2024年5月，国家正式印发《电力市场运行基本规则》，为加快建设全国统一电力市场体系完善了顶层设计。该规则充分考虑新型电力系统建设的新形势新要求，对新型经营主体进行了定义，对电力辅助服务交易、容量交易等进行了明确，为建设高效规范、公平竞争、充分开放的全国统一大市场提供了基本依据。

2. 电力中长期实现常态化运行

电力中长期交易是指发电企业、电力用户、售电公司等经营主体，通过双边协商、集中交易等市场化方式，开展的多年、年、季、月、周、多日等电力批发交易。近年来，我国电力中长期交易机制不断完善，2020年正式印发《电力中长期交易基本规则》，进一步指导和规范交易行为。目前，电力中长期交易已在全国范围内实现常态化运行，中长期交易电量占市场化电量比重超90%，稳定了总体市场规模和交易价格，充分发挥了“压舱石”作用。电力中长期交易包括省内和跨省跨区（省间）交易，以年度交易为主、月度和月内交易为辅，目前已有近10个省份实现中长期交易按工作日连续开市，交易方式更加灵活。

3. 电力现货市场建设取得突破性进展

电力现货市场是指符合准入条件的经营主体开展日前、日内和实时电能量交易的市场，是体现电能量时空价值、发现价格的重要方式。近年来，我国电力现货市场建设稳步推进，2023年正式印发《电力现货市场基本规则（试行）》，省级电力现货市场建设全面铺开，区域电力现货市场取得积极进展。截至2024年底，全国共有25个地区开展电力现货市场（试）运行，其中，山西、广东、山东、甘肃电力现货市场已转入正式运行，蒙西[①]、湖北、浙江等地持续开展连续结算试运行，南方区域电力现货市场开展多轮结算试运行。2024年10月15日，省间电力现货市场转入正式运行，我国电力现货市场交易范围进一步扩大。

4. 电力辅助服务市场基本实现全国覆盖

电力辅助服务是指为维持电力系统安全稳定运行，保证电能质量，除正常电能生产、输送、使用外，由可调节资源提供的调峰、调频、备用、爬坡、黑启动等服务。当前，我国电力辅助服务市场建设加速推进，已经实现6大区域、33个省区电网的全覆盖，交易主体逐步涵盖火电、水电、储能、虚拟电厂等各类型可调节资源，交易机制、价格机制和传导机制不断完善，对于保障电力系统安全稳定运行、促进新能源消纳、降低系统调节成本发挥了积极作用。2023年，电力辅助服务机制挖掘系统调节能力超1.17亿千瓦，促进清洁能源增发电量超1200亿千瓦·时。

5. 绿电绿证市场逐步建立并越发活跃

“十四五”以来，随着风电、光伏等新能源大规模发展以及全社会绿色低碳消费理念逐步形成，我国积极构建以绿电、绿证交易为核心的绿电市场化交易机制。2023年7月，国家发展改革委、财政部、国家能源局联合印发《关于做好可再生能源绿色电力证书全覆盖工作　促进可再生能源电力消费的通知》，对我国绿证制度进行了全面修订完善，实现对

---

① 这里的蒙西是指蒙西电网，即内蒙古电力集团。其是全国唯一独立的省级管理电网企业，负责除赤峰、通辽、呼伦贝尔、兴安盟外其余8个盟市（呼和浩特、包头、鄂尔多斯、乌兰察布、乌海、巴彦淖尔、锡林郭勒、阿拉善）供电营业区的电网建设、经营、管理和农电工作。

可再生能源电量绿证核发全覆盖。2024年,《电力中长期交易基本规则—绿色电力交易专章》《可再生能源绿色电力证书核发和交易规则》陆续印发，绿电、绿证交易机制进一步完善。2024年1—12月，全国交易绿证4.46亿个，折合可再生能源电量约4460亿千瓦·时，其中随绿电交易绿证1.69亿个，折合可再生能源电量约1690亿千瓦·时。

此外，气电参与全国碳排放权交易市场存在挑战。目前我国碳市场仍处于起步阶段，在现行碳市场机制下，碳配额基准值确定原则难以充分体现天然气发电的低碳价值。一方面，天然气发电在碳市场中的关注度低。根据《2019—2020年全国碳排放权交易配额总量设定与分配实施方案（发电行业）》，除个别碳交易试点地区的气电企业未参与2019年度、2020年度全国碳市场外，其余地区的气电企业均参与了全国碳市场。但是，与煤电相比，气电发电量仅占全国发电量的3.4%，气电在碳市场中的关注度明显低于煤电。另一方面，气电分布地区的不均匀性也对气电企业参与碳市场决策产生一定影响。通过对比全国和北京、上海、广东、天津等地区的气电碳排放基准值，可以明显发现全国各地天然气发电的异质性，即不同地区的机组类型、结构、能效和碳排放水平存在较大差异。天然气发电在全国碳市场的竞争对手不仅是煤电机组，也包括其他地区不同级别的气电机组。随着水泥、钢铁等行业逐步被纳入碳市场，天然气发电若对其他行业缺乏了解，将给气电企业进行市场决策带来更大挑战。

二、新型储调技术快速发展，气电发展窗口期可能缩短

在电力供需双侧波动均明显增加的情况下，新型电力系统对储调的需求越来越高。目前来看，煤电、气电和抽水蓄能是成熟度最高、应用

范围最广的灵活性储调资源。但从各类技术迭代情况和发展趋势来看，未来电化学储能、电动汽车车网互动（V2G）、氢能发电等新型储调技术快速进步，特别是以新型储能为代表的储调技术延续高速发展，逐步实现商业化后将与气电发展形成较大竞争，气电发展窗口期可能缩短。

电化学储能等新型储能被认为是提升电能品质和促进新能源消纳的重要支撑手段。锂离子电池储能规模增速最快，现已实现集中式或分散式聚合百兆瓦级规模化电池储能电站的创新应用；全钒液流电池完成从实验室基础研究到产业化发展，目前百兆瓦级储能调峰电站已完成并网调试；钠离子电池在单体电池和电池系统关键技术方面取得重要进展，兆瓦·时级钠离子电池“光储充”智能微网项目及吉瓦·时级钠离子电池规模化产线已先后投运；压缩空气储能的压缩机和膨胀机关键技术、10 兆 ~100 兆瓦集成示范等方面取得重大突破，国际首套 100 兆瓦先进压缩空气储能项目开始进入系统带电调试。截至 2023 年底，我国新型储能已投运装机规模超过 3000 万千瓦，提前两年多完成 2025 年突破 3000 万千瓦的既定目标。据中关村储能联盟统计，截至 2024 年底，我国已建成投运新型储能累计装机规模达 7376 万千瓦 /1.68 亿千瓦·时，反映出当前新型储能在国家政策推动下，技术持续进步、场景不断丰富、产业化进程持续提速。

氢能便于灵活生产、灵活调度，可在新能源大发时进行电解水制氢，并通过对火电机组适当改造后掺氢或 100% 氢能发电，从而提供跨季节、长周期的电力电量调节，部分突破电化学储能的适用性制约。目前，兆瓦级氢储能电站和百兆瓦级电解水制氢项目陆续落地，枯竭气藏、盐穴、含水层等大规模储氢技术也已提上日程。电动汽车 V2G 也具备巨大的电力调节潜力，当电动汽车不使用且电网供电紧张时，可将储存的电能返送给电网，有效缓解可再生能源带来的电力波动，保障电力供应安全可靠，预计其将在电力部门深度脱碳阶段发挥重要的电力支撑作用。未来，随着技术进步、成本下降潜力充分释放，再加上数字化、智能化电力电子技术的耦合应用，上述各类灵活储调技术的应用场景和发挥作用空间会有较大提升，有望在新型电力系统中扮演更重要的角色。

此外，2024 年 6 月国家发展改革委、国家能源局发布《煤电低碳化改造建设行动方案（2024—2027 年）》，提出生物质掺烧、绿氨掺烧、CCUS 等三种煤电低碳发电技术路线，在降碳效果方面明确提出到 2027 年电碳排放水平接近天然气发电机组。若相关煤电机组低碳化改造技术如期实现，届时天然气发电与煤电相比减污降碳的优势将明显减弱，气电发展空间可能受到进一步挤压。

第三章

天然气发电和其他主要储调资源对比分析

随着风电、光伏发电等新能源装机规模持续扩大，新能源出力的波动性越发显著，这对电力系统的调节能力构成了更大挑战。近年来，我国电力系统的调节资源逐步迈向多元化发展之路，源、网、荷、储各环节的调节主体不断涌现。

在电源侧，调节资源主要涵盖具备调节能力的煤电、气电、水电以及光热发电等；电网侧的调节手段主要为跨省跨区的电力输送与互济；负荷侧则呈现多种形式，包括可调节负荷、电动汽车 V2G 以及虚拟电厂等；储能侧的调节资源主要包含抽水蓄能与新型储能等。调节能力不仅是新型电力系统建设的关键支撑要素，更是气电未来发展的重要优势所在。

本章选取我国当前发展基础良好、规模较大的三种主要调节资源——煤电灵活性改造、抽水蓄能、新型储能，与气电展开技术经济性对比，进而深入分析不同类型调节资源在新型电力系统中的优势特性与适用场景，旨在为电力系统进行资源的优化配置提供参考依据。

第一节　煤电灵活性改造

一、基本情况

（一）煤电在我国电力供应中的现状与地位

1. 装机容量

从趋势上看，尽管煤电装机规模仍在缓慢增长，2024年增长至11.9亿千瓦，同比增长2.6%，但占总发电装机容量比重持续下滑（见图3-1）。2023年占比39.9%，首次跌破40%，2024年进一步降至35.7%。这反映出随着能源结构的调整，其他电源类型装机规模增长迅速，挤压了煤电装机占比空间。

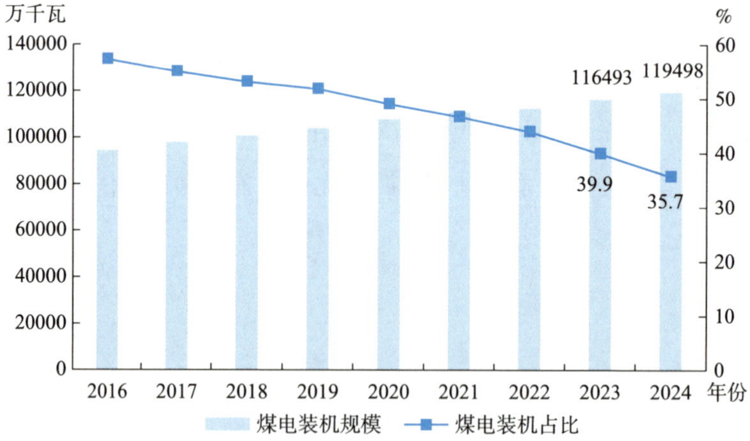

图3-1　“十三五”以来我国煤电装机容量变化情况

资料来源：国家能源局、中电联。

从绝对规模看，超11亿千瓦的装机容量说明煤电目前在装机层面仍具备相当规模，在电力供应体系中占据重要地位。

2. 发电量

从发电量看，2023 年煤电发电量占总发电量比重接近六成，2024 年受来水降水偏多、新能源快速发展等因素影响，煤电发电量占比有所降低，但仍达到 54.8%。这表明煤电在电力生产端的主体地位虽受冲击，但短期内仍难以撼动，在保障电力供应安全方面起着关键作用。

3. 重要地位

煤电作为当前我国电力供应的主力电源，在电力安全保供中扮演“压舱石”角色。一方面，其较大的装机规模和较高的发电量占比，能够在常规情况下稳定满足大部分用电需求；另一方面，在极端天气、新能源出力波动等特殊情况下，可快速响应调节出力，维持电力系统稳定运行，保障电力供应安全可靠。不过，随着新能源持续大规模发展，煤电需加快灵活性改造等转型升级步伐，以更好适应新型电力系统需求。

（二）煤电清洁高效发展及灵活性改造进程

1. 清洁高效发展举措与成果

2014 年 9 月，国家发展改革委等三部门联合印发《煤电节能减排升级与改造行动计划（2014—2020 年）》，旨在打造高效清洁可持续发展的煤电产业“升级版”。“十三五”期间，该计划成效显著，煤电机组节能减排水平大幅提高。截至 2023 年底，超 95% 的煤电机组实现超低排放。全国火电烟尘、二氧化硫、氮氧化物排放量较 2015 年分别下降 78.8%、75.8%、56.4%。我国成功构建起全球最大的清洁煤电供应体系，显著改善了环境质量，减少了煤电生产对大气的污染。

2. 灵活性改造探索与推进

（1）前期试点：“十三五”期间，鉴于煤电机组原有调节范围小（最小技术出力普遍为额定容量的50%左右）、爬坡速度慢等问题，我国于2016年启动煤电灵活性提升工作，开展22个总容量约1700万千瓦的试点项目。这些项目探索了深度调峰、热电解耦等技术路线，为后续改造积累了关键经验。改造后，煤电机组最小技术出力大幅降低，可至额定容量的30%~35%，部分甚至低至20%~25%，极大拓展了调节范围。

（2）政策推动与规模改造：2020年我国提出“双碳”目标后，煤电转型需求更为迫切。2021年10月，国家发展改革委、国家能源局印发《全国煤电机组改造升级实施方案》，推进煤电节能降碳改造、供热改造、灵活性改造“三改联动”。《中国电力发展报告2023》显示，“十四五”前两年，“三改联动”改造规模超4.85亿千瓦，完成“十四五”目标约81%，其中灵活性改造达1.88亿千瓦，有力提升了煤电机组的调节能力，促进电力系统灵活性持续改善。

3. 未来展望

随着能源转型持续深入，煤电需进一步深化“三改联动”。一方面，继续提升节能降碳水平，降低煤耗和碳排放强度，提高能源利用效率；另一方面，持续挖掘灵活性潜力，更好适配新能源大规模并网需求。同时，要协调好供热与发电的关系，实现能源综合高效利用，助力我国能源体系绿色低碳转型。

专栏3-1 “十四五”煤电“三改联动”目标要求

1. 节能降碳改造

（1）新建机组标准：为推动煤电行业绿色低碳发展，新建煤电机组有严格能耗标准。原则上除特殊需求外，采用超超临界技术且供电煤耗低于270克标准煤/千瓦·时。这是因为超超临界技术能提高机组热效率，降低能耗和碳排放。限制高能耗机组新建，如湿冷煤电机组设计工况供电煤耗高于285克标准煤/千瓦·时、空冷机组高于300克标准煤/千瓦·时不许新建，从源头把控能耗水平。

（2）存量机组改造与淘汰：供电煤耗300克标准煤/千瓦·时以上的存量机组，要加快节能改造。对于无法改造的机组，逐步淘汰关停，避免高耗能机组持续运行浪费能源、污染环境。部分具备条件的转为应急备用电源，保障能源安全的同时合理利用资源。“十四五”期间改造规模不低于3.5亿千瓦，目标是到2025年将全国火电平均供电煤耗降至300克标准煤/千瓦·时以下，整体提升煤电行业能效水平。

2. 供热改造

（1）替代与关停小锅炉：鼓励现有燃煤发电机组替代供热，积极关停采暖和工业供汽小锅炉，是基于小锅炉能源利用效率低、污染物排放量大的现状。大机组替代供热可集中供热，提高能源综合利用效率，减少分散供热带来的能源浪费和污染排放。

（2）纯凝机组改造：对具备供热条件的纯凝机组开展供热改造，在确定热负荷需求的前提下，“十四五”期间力争改造规模达5000万千瓦。通过改造，可实现热电联产，提高能源利用的灵活性和经济性，在满足供热需求的同时增加发电收益。

3. 灵活性改造

（1）新建机组要求：新建机组全部实现灵活制造，“十四五”期间规模达1.5亿千瓦。这是为了让新建机组从设计制造环节就具备良好的调节能力，适应新能源大规模并网后电力系统对调节电源的需求。

（2）存量机组改造：存量煤电机组灵活性改造应改尽改，“十四五”期间完成2亿千瓦，可增加系统调节能力3000万千瓦，促进清洁能源消纳。对纯凝工况和采暖热电机组供热期调峰能力都有明确要求，纯凝工况最小发电出力达35%额定负荷，采暖热电机组供热期力争单日6小时最小发电出力达 40% 额定负荷，提升煤电机组在不同工况下的调节灵活性。

资料来源：《全国煤电机组改造升级实施方案》。

二、技术性分析

（一）煤电灵活性改造技术路线

煤电灵活性改造聚焦于借助技术手段提升机组深度调峰、快速爬坡和启停能力。其技术成熟且多样，覆盖制煤、锅炉、汽机、辅机、控制系统等多个领域，主要技术路线见表 3-1。

表 3-1　煤电灵活性改造主要技术路线

机组类型	技术特点	灵活性改造需求	常规技术路线
纯凝机组	低负荷运行能力强，负荷调节灵活	需解决制煤、锅炉、汽机、辅机、排放系统的低负荷运行适应性问题，重点关注低负荷运行下的排放和机组寿命问题	1. 低负荷稳燃技术：燃烧器结构设计技术、磨煤机分离器优化技术、富氧燃烧技术等； 2. 低负荷脱硝技术：省煤气分级技术、宽温差催化剂技术等
供热机组	供热时负荷调节能力差，需要实现热电耦合	增强供热能力来降低供热时机组的强迫出力，或利用热储能实现热电解耦	1. 提高机组供热能力：低压缸零出力技术（又称切除低压缸技术）、高背压供热技术、汽轮机旁路供热技术等； 2. 热储能技术：电锅炉固体储热技术、电极锅炉技术、热水罐储能技术、高温熔盐储热技术等

不同类型煤电机组的运行特性存在明显差异，灵活性改造的需求和技术路线也有所不同，按照机组类型可分为纯凝机组和供热机组两大类灵活性改造技术。

1. 纯凝机组改造要点

纯凝机组本身负荷调节能力相对较强，但低负荷运行时面临制煤、锅炉等系统适应性问题，以及排放和机组寿命挑战。低负荷稳燃技术中的燃烧器结构设计技术，可优化燃烧器形状、尺寸及喷口布置，使燃料在低负荷下更充分稳定燃烧；磨煤机分离器优化技术能精准控制煤粉细度，确保燃烧效果。低负荷脱硝技术的省煤气分级技术，通过合理分配省煤气处的烟气流量，调整反应温度和物质浓度，提升低负荷脱硝效率。

2. 供热机组改造关键

供热机组受“以热定电”模式制约，供热期调峰能力受限。增加机组供热能力的低压缸零出力技术（切除低压缸技术），是在供热期将低压缸蒸汽截断，使机组更多能量用于供热，减少发电强迫出力；高背压供热技术通过提高汽轮机排汽压力，回收更多余热用于供热。热储能技术中的电锅炉固体储热技术，是利用电锅炉将电能转化为热能存储在固体材料中，在需要时释放热量，实现热电解耦。

（二）煤电灵活性改造效果凸显

1. 调峰深度提升

纯凝机组经低负荷稳燃等技术改造，最小技术出力能降至20%~30%额定容量；供热机组供热期借助热电解耦技术可使最小技术出力低于40%。这大幅拓展了煤电机组调峰范围，比如新能源大发时段，煤电机组可降低出力为新能源让出空间；新能源出力低谷时，又能快速提升出力保障供电稳定，有力支撑新能源高水平消纳。

2. 爬坡速度加快

改造前煤电机组爬坡速率通常为1%~2%额定容量/分钟，改造后提升至3%~6%额定容量/分钟。更快的爬坡速度意味着能更迅速响应电网负荷变化指令，如电网负荷突然增加时，改造后的机组可在更短时间内提升发电功率，维持电网频率稳定。

3. 启动时间缩短

热态启动从 3~5 小时缩短至 1.5 小时左右，冷态启动从 10 小时左右缩短到 6~8 小时。启动时间缩短使煤电机组能更灵活参与电网调峰，在用电峰谷变化时，可更及时启停机组，减少不必要的发电损耗，提高整体运行效率。

专栏 3-2　煤电灵活性改造典型案例

1. 华能威海电厂灵活性改造

（1）改造内容

开展低负荷稳燃燃烧器开发与优化运行改造、低压缸零出力运行改造、宽负荷脱硝技术改造以及热工控制优化、环保参数调节优化、深调运行优化等多项技术实践。

（2）改造成效

全厂 4 台煤电机组全部完成 30% 额定出力核定试验，新增深调能力约 38 万千瓦；6 号机组成功深调至 20% 额定容量（13.2 万千瓦），且不投辅助能量稳燃，成为山东省首台具备该能力的煤电机组，其 5 号机组灵活性改造入选 2023 年“三改联动”技术改造示范案例。

（3）优势

技术实践全面，涵盖燃烧、脱硝、缸体改造及控制优化等多个方面，可有效提升机组综合性能；调峰能力突出，为山东省煤电灵活性改造提供了示范，对提升电力系统灵活调节能力贡献大。

（4）经验

成立专门的科技攻关小组，有利于集中力量破解改造中的技术难题；多种技术同步实施，相互配合，能更好地实现机组灵活性提升，为其他电厂改造提供了全面的技术路线参考。

2. 华电新疆准东五彩湾发电有限公司 1 号机组灵活性改造

（1）改造内容

改造内容主要包括锅炉低负荷稳燃、脱硝入口烟温适应性、汽轮机安全可靠性、AGC 优化控制及相关系统与设备改造等。

（2）改造成效

成为新疆维吾尔自治区首台通过灵活性改造效果验收的煤电机组，改造后在全燃新疆高碱煤、不投助燃条件下可深调至 18% 额定负荷（6.3 万千瓦），增加调节能力 11.2 万千瓦，同时具备 15% 投油深度调峰能力，其改造项目入选 2024 年“三改联动”技术改造典型案例。

（3）优势

针对新疆高碱煤特性进行改造，具有很强的地域适应性；在不投助燃剂情况下实现较深调峰，对于降低运行成本、保障电力安全供应和促进新能源消纳意义重大。

（4）经验

重视对特定燃料的适应性改造，为其他在高碱煤地区的电厂提供了范例；从锅炉、汽轮机到控制系统等多方面进行针对性改造，使机组在复杂工况下能安全稳定运行，为同类机组灵活性改造提供了可借鉴的技术方案。

资料来源：笔者根据互联网公开资料整理。

（三）煤电灵活性改造的不利影响

1. 煤耗与碳排放增加

（1）运行模式转变导致效率降低

在传统模式下，煤电机组作为基荷电源，多运行在较高负载水平，主要承担稳定供电量责任，发电效率相对较高。然而，灵活性改造后，机组需频繁参与电力系统调峰，低负载运行成为常态。此时，机组内部设备运行工况改变，例如燃烧不充分、蒸汽参数不稳定等，导致发电效率大幅降低。

（2）深度调峰加剧煤耗与碳排放

进入深度调峰区间，问题更为严峻。以某 60 万千瓦机组为例，在 100% 额定功率运行时，供电煤耗约为 280 克标准煤 / 千瓦・时，当运行在 40% 额定功率时，供电煤耗上升至 336~350 克标准煤 / 千瓦・时，增加了 20%~25%。供电煤耗增加直接导致碳排放量上升，因为煤炭燃烧量增多，根据碳排放计算模型，每多消耗 1 千克标准煤，约增加 2.62 千克二氧化碳排放。

2. 污染物排放增多

（1）低出力时氮氧化物排放显著上升

当机组出力下降，炉膛温度分布改变，燃烧过程偏离设计工况，导致氮氧化物生成量明显增加。华北电力大学报告显示，30 万千瓦级机组在 35% 额定功率时，净烟气的氮氧化物排放因子从 100% 额定功率时的约 300 毫克 / 立方米升高至约 330 毫克 / 立方米，升高约 10%；60 万千瓦级机组则从约 200 毫克 / 立方米大幅升高至约 400 毫克 / 立方米，升高 100%。这对大气环境质量尤其是氮氧化物敏感区域造成较大压力。

（2）冷态启动阶段污染排放突出

冷态启动过程中，由于设备温度低，燃烧条件恶劣，污染物排放远超正常运行水平。30 万千瓦级机组启动过程中，氮氧化物排放量约为额定工况下运行 8 小时的排放量，若额定工况下氮氧化物排放量为每小时 50 千克，启动一次排放约 400 千克；60 万千瓦级机组启动时氮氧化物排放量可达额定工况运行 13 小时的排放量，即约 650 千克，严重影响区域空气质量。

3. 机组寿命受损

（1）关键设备损耗加剧

长期深度调峰或频繁升降负荷，锅炉设备承受温度频繁变化，导致炉管热应力疲劳，容易出现裂纹；汽机设备在不同蒸汽参数下频繁切换，叶片磨损加剧，动静间隙变化；发电机设备则因负荷变化导致绕组电流波动，绝缘老化加速。例如，某电厂一台 30 万千瓦机组，在频繁参与深度调峰 1 年后，锅炉炉管出现多处微小裂纹，汽机叶片磨损量较正常运行时增加了 30%。

（2）金属部件提前老化风险增大

重要金属部件在复杂工况下，金相组织发生变化，材料性能下降。如汽轮机转子、锅炉过热器联箱等关键部件，长期处于非额定工况，其使用寿命可能从原本设计的 30 年缩短至 20~25 年，不仅增加设备维护成本，还可能引发安全事故，影响电力系统稳定运行。

三、经济性分析

（一）煤电灵活性改造成本

1. 投资成本差异

当前，煤电灵活性改造的重点在于降低最小技术出力，扩大灵活调节范围。因机组类型不同、改造重点存在差异、改造技术路线众多，各煤电机组的灵活性改造成本差异显著。总体而言，与纯凝机组相比，供热机组灵活性改造更为复杂，成本更高。

依据华北电力大学《电力系统灵活性提升：技术路径、经济性与政策建议》研究报告：

对于30万千瓦和60万千瓦纯凝汽机组，将最小技术出力从50%降至30%，单位千瓦改造成本约125元/千瓦，按单位千瓦灵活性调节容量折算则为625元/千瓦。

对于30万~60万千瓦的大型热电厂，热电解耦需配置2万~7万立方米的储热罐，投资成本一般在4000万~8000万元。按热电解耦后机组供热工况下最小出力由80%降至50%折算，单位千瓦灵活性调节容量的改造成本约为444元/千瓦。

2. 运行可变成本增加

除投资成本外，灵活性改造后的煤电机组在实际运行过程中还会面临可变成本上升的问题。在低负载运行状态下，机组供电煤耗和污染物排放显著增加，进而产生额外的燃料成本和排放成本，并且长时间、频繁深度调峰会减损设备寿命，引发额外的设备更换成本。

（二）新建煤电度电成本

1. 新建煤电的调节能力定位

除推动存量煤电机组灵活性改造“应改尽改”外，当下新建煤电机组也被要求具备较强的调节能力，其最小技术出力通常不超过30%额定功率，部分机组已降至20%~30%，甚至更低。可见，新建煤电机组已成为当前提升电力系统调节能力的关键方式之一，同时也是气电未来发展的有力竞争对手。

2. 成本构成及相关数据

（1）总成本构成

燃煤发电工程项目总成本涵盖初始投资、修理费等固定成本，以及燃料费、用水费、材料费等可变成本。

（2）造价趋势

中国电力企业联合会统计表明，“十四五”以来，燃煤发电工程单位造价水平呈逐年小幅上涨态势。2023 年，不同容量等级燃煤发电工程单位造价成本处于 3753~4681 元 / 千瓦。

（3）运营期及其他费用标准

依据《火力发电工程经济评价导则》（DL/T 5435—2019），项目运营期一般设定为 20 年，修理提存率为 1.5%~2.0%。不同容量煤电的材料费为 0.004~0.006 元 / 千瓦・时，其他费用为 0.008~0.012 元 / 千瓦・时。其中，燃料成本主要取决于耗煤量和电煤价格。

3. 度电成本测算简化说明

为便于对不同灵活调节资源经济性进行横向对比，本书对度电成本测算进行了适度简化，未将资产折旧、摊销、税金及附加等成本影响因素纳入考量范围。

在考虑折现率和厂用电率的基础上，煤电度电成本计算如式（3–1）至式（3–6）所示。

$$c_{度电}=\frac{C_{投资}+C_{维护}+C_{燃料}+C_{材料及其他}}{E_{总}} \tag{3–1}$$

$$C_{投资}=c_{单位投资}\times P \tag{3–2}$$

$$C_{维护}=\sum_{n=1}^{N}\frac{c_{单位维护}\times P}{\left(1+r\right)^{n}} \tag{3–3}$$

$$C_{燃料}=\sum_{n=1}^{N}\frac{c_{单位煤价}\times b\times P\times T\times\left(1-\eta\right)}{\left(1+r\right)^{n}} \tag{3–4}$$

$$C_{材料及其他}=\sum_{n=1}^{N}\frac{\left(c_{单位材料}+c_{单位其他}\right)\times P\times T}{\left(1+r\right)^{n}} \tag{3–5}$$

$$E_{总}=\sum_{n=1}^{N}\frac{P\times T\times(1-\eta)}{(1+r)^n} \quad (3\text{-}6)$$

其中，$c_{度电}$为度电成本，$C_{投资}$为项目投资成本，$C_{维护}$、$C_{燃料}$、$C_{材料及其他}$分别为项目运营期内维护成本折现值、燃料成本折现值、材料及其他成本折现值，$E_{总}$为项目运营期内总发电量，$c_{单位投资}$、$c_{单位维护}$、$c_{单位煤价}$、$c_{单位材料}$、$c_{单位其他}$分别为单位投资成本、单位维护成本、单位煤价、单位材料成本和单位其他成本，P 为额定功率，r 为折现率，N 为设计年限，T 为年利用小时数，b 为单位供电标准煤耗，η 为厂用电率。

根据表 3–2 中所给的燃煤发电项目基本参数，不同容量等级煤电的度电成本为 0.41~0.46 元 / 千瓦·时，如表 3–3 所示，装机容量越大，度电成本越低。

表 3–2　燃煤发电项目基本参数

参数	35 万千瓦 超临界	66 万千瓦 超超临界	100 万千瓦 超超临界
单位投资成本 /（元 / 千瓦）	4681	4074	3753
单位维护成本 /［元 /（千瓦·年）］	70.2	61.1	56.3
单位材料成本 /［元 /（千瓦·时）］	0.006	0.005	0.004
单位其他成本［元 /（千瓦·时）］	0.012	0.01	0.008
厂用电率 /%	5	5	5
折现率 /%	8	8	8
单位供电标准煤耗 /［克 /（千瓦·时）］	300	295	285
单位煤价 /（元 / 吨标准煤）	1000	1000	1000
年利用小时数 / 小时	4000	4000	4000

资料来源：《火力发电工程经济评价导则》（DL/T 5435—2019）、《中国电力行业年度发展报告 2024》。

表 3–3　燃煤发电项目度电成本测算结果

成本	35 万千瓦超临界	66 万千瓦超超临界	100 万千瓦超超临界
投资成本（万元）	163835	268884	375300
维护成本折现值（万元）	24128	39599	55271
燃料成本折现值（万元）	391744	726405	1063305
材料及其他成本折现值（万元）	24742	38880	47127
总成本折现值（万元）	604449	1073768	1541003
总发电量折现值（万千瓦・时）	1305814	2462391	3730896
度电成本（元 / 千瓦・时）	0.463	0.436	0.413

从成本结构来看，投资成本占比为 24%~27%，维护成本占比约 4%，燃料成本占比为 65%~69%，材料及其他成本占比为 3%~4%。其中，燃料成本在燃煤发电总成本中的占比最高，因而电煤价格变化对煤电度电成本影响十分显著，不同煤价水平下燃煤发电度电成本如图 3–2 所示。

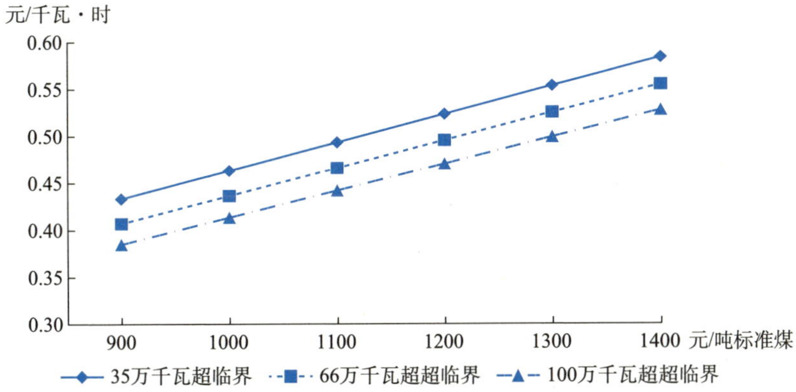

图 3–2　不同煤价水平下燃煤发电度电成本

在年利用小时数保持 4000 小时的条件下，当煤价为 900 元 / 吨标准煤时，100 万千瓦级煤电机组度电成本可降低至 0.4 元 / 千瓦・时以下；

当煤价为1400元/吨标准煤时，度电成本将超过0.5元/千瓦·时。此外，煤电度电成本还与年发电量密切相关。

随着新型电力系统加快建设，煤电逐步向基础保障性和系统调节性电源转变，在电力系统中将更多发挥调节作用，年利用小时数呈现下降趋势，不同年利用小时数水平下燃煤发电度电成本如图3-3所示。在煤价保持1000元/吨标准煤的条件下，若年利用小时数降至3400小时，煤电度电成本将上升至0.43~0.49元/千瓦·时。

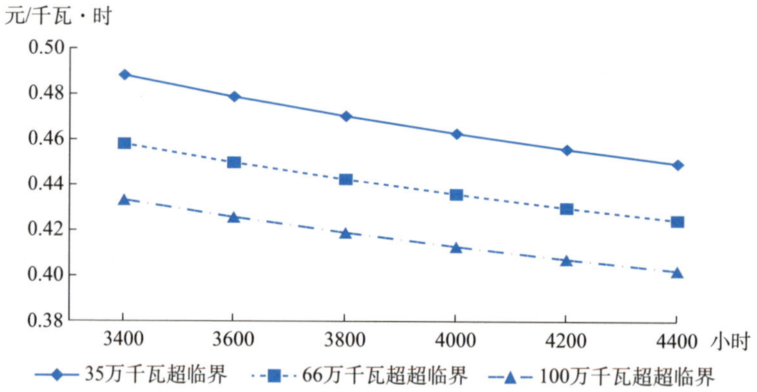

图3-3　不同年利用小时数水平下燃煤发电度电成本

第二节　抽水蓄能

一、基本情况

（一）抽水蓄能电站的重要地位

抽水蓄能电站作为当前技术最成熟、经济性最优且最具大规模开发条件的电力系统灵活调节电源，具备削峰填谷、调频、调相、事故备用和黑启动等多种功能。它是加快新型电力系统建设、推动可再生能源高质量发展以及保障电力安全稳定运行的关键支撑。

（二）“十四五”后的发展机遇

“十四五”以来，随着碳达峰碳中和工作的深入推进，风电、光伏等新能源大规模高比例发展，新型电力系统对调节电源的需求越发迫切，抽水蓄能迎来重大发展契机。2021 年，国家能源局印发《抽水蓄能中长期发展规划（2021—2035 年）》，明确了我国抽水蓄能的发展形势、基本原则、主要目标和重点任务等，为推动抽水蓄能高质量发展、契合新型电力系统建设需求提供了重要指导。自此，我国抽水蓄能迈入高质量发展新阶段，各地抽水蓄能项目纷纷落地，加速开发，新增开工和核准规模屡创新高。

（三）装机容量增长成果

“十三五”以来，我国抽水蓄能装机容量持续增长。截至 2023 年底，全国已建抽蓄装机容量达 5094 万千瓦，核准在建装机规模达到 1.79 亿千瓦，我国已建、在建抽蓄装机规模均居世界首位。这对于提升电力系统调节能力、增强电力安全保障能力以及促进扩大有效投资意义重大。到 2024 年底，我国抽蓄总装机容量进一步提升至 5869 万千瓦（见图 3–4）。

（四）全产业链发展成效

随着一大批大型抽水蓄能电站的建设实践，我国已基本构建起涵盖标准制定、规划设计、工程建设、装备制造、运营维护的全产业链发展体系和专业化发展模式。抽水蓄能机组制造自主化水平显著提高，在 600 米水头段及以下大容量、高转速抽水蓄能机组自主研制方面已达到国际先进水平。

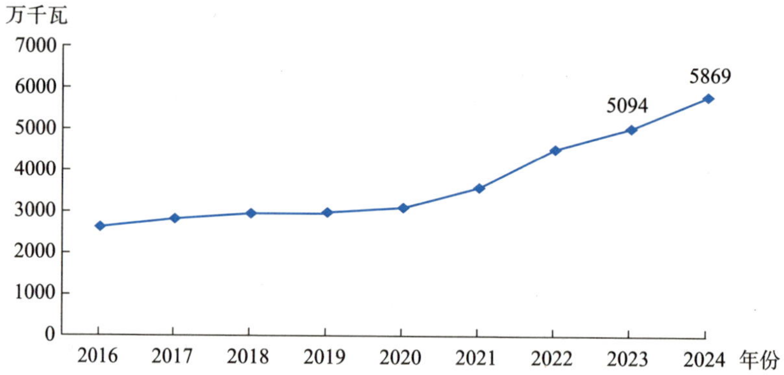

图 3-4 “十三五”以来我国抽水蓄能装机容量变化情况

资料来源：国家能源局、中电联。

专栏 3-3 “十四五”及中长期抽水蓄能发展目标任务

1. 基本原则

坚持生态优先、和谐共存，区域协调、合理布局，成熟先行、超前储备，因地制宜、创新发展的基本原则。

2. 发展目标

（1）到 2025 年，抽水蓄能投产总规模较“十三五”翻一番，达到 6200 万千瓦以上。

（2）到 2030 年，抽水蓄能投产总规模较“十四五”再翻一番，达到 1.2 亿千瓦左右。

（3）到 2035 年，形成满足新能源高比例大规模发展需求的技术先进、管理优质、国际竞争力强的抽水蓄能现代化产业，培育形成一批抽水蓄能大型骨干企业。

3. 项目储备

在全国范围内普查筛选抽水蓄能资源站点基础上，建立了抽水蓄能中长期发展项目库。

对满足规划阶段深度要求、条件成熟、不涉及生态保护红线等环境制约因素的项目，按照应纳尽纳的原则，作为重点实施项目，纳入重点实施项目库，此类项目总装机规模4.21亿千瓦。

对满足规划阶段深度要求，但可能涉及生态保护红线等环境制约因素的项目，作为储备项目，纳入储备项目库。这些项目待落实相关条件、做好与生态保护红线等环境制约因素避让和衔接后，可滚动调整进入重点实施项目库，此类项目总装机规模3.05亿千瓦。

4. 重点任务

（1）做好资源站点保护，为抽水蓄能预留发展空间。

（2）积极推进在建项目建设，加强工程建设管理、推动智能化建造、妥善做好环境保护和移民安置工作。

（3）加快新建项目开工建设，加强项目优化布局、加强研究工作、加快项目开工进程。

（4）加强规划站点储备和管理，滚动开展抽水蓄能站点资源普查和项目储备工作。

（5）因地制宜开展中小型抽水蓄能建设。

（6）探索推进水电梯级融合改造，鼓励依托常规水电站增建混合式抽水蓄能。

（7）加强科技和装备创新，创新工程建设技术、增强装备制造能力。

（8）构建行业监测体系，按年度发布抽水蓄能发展报告。

资料来源：《抽水蓄能中长期发展规划（2021—2035年）》及相关解读。

二、技术性分析

（一）抽水蓄能电站的基本原理

1. 技术特性与原理概述

抽水蓄能是一种机械储能技术，被公认为当下最清洁、最经济的大规模储能设施。其工作原理是依托可逆的水泵水轮机组，在用电负荷低谷阶段，利用多余电能把下水库的水抽到上水库存储，此时它扮演“电力用户”角色；而在用电负荷高峰时期，上水库放水发电，它又如同“发电厂”，通过电能与势能的相互转化，实现能量的储存和释放。

2. 抽水蓄能电站构成要素

抽水蓄能电站主要由上下水库、输水系统、电站厂房、发电机组以及专用建筑物等部分构成。各部分协同运作，保障抽水蓄能电站能高效完成能量转化及存储、释放过程。

3. 类型划分依据与类别

按照地理位置、布置、功能等不同，抽水蓄能电站可分为不同类型，如表 3–4 所示。其中，按开发方式划分，可分为纯抽水蓄能电站和混合式抽水蓄能电站；按调节周期划分，可分为日调节抽水蓄能电站、周调节抽水蓄能电站和季调节抽水蓄能电站；按布置特点划分，可分为首部式抽水蓄能电站、中部式抽水蓄能电站和尾部式抽水蓄能电站。

表 3–4　抽水蓄能电站分类方式

分类标准	类型	特点
开发方式	纯抽水蓄能电站	• 没有或只有少量天然来水 • 全部是抽水蓄能机组 • 主要功能包括削峰填谷、事故备用等
	混合式抽水蓄能电站	• 具有天然径流汇入 • 一部分为常规水电机组，另一部分是抽水蓄能机组 • 主要功能包括削峰填谷、事故备用、常规发展、综合利用等
调节周期	日调节抽水蓄能电站	• 运行周期呈现日循环规律 • 午、晚高峰发电，夜间蓄水 • 纯抽水蓄能电站大多为日调节电站
	周调节抽水蓄能电站	• 运行周期呈现周循环规律 • 工作日同日调节机组，但发电量多于抽水量 • 休息日用电负荷降低，以蓄水为主

续表

分类标准	类型	特点
调节周期	季调节抽水蓄能电站	• 运行周期呈现季节循环规律 • 汛期将多余水量蓄存以来，枯水期放水发电，实现季节性能量转移 • 绝大多数为混合式抽水蓄能电站
布置特点	首部式抽水蓄能电站	厂房位于输水道的上游侧
	中部式抽水蓄能电站	厂房位于输水道的中部
	尾部式抽水蓄能电站	厂房位于输水道的末端

资料来源：笔者根据互联网公开资料整理。

（二）抽水蓄能电站的技术优势

抽水蓄能兼具传统发电机组与大规模储能技术的特性，凭借技术成熟、运行灵活、绿色低碳、稳定可靠等多方面优势，成为构建新型电力系统、保障电力系统安全稳定运行的关键支撑。

1. 技术成熟，装机规模大

与电化学储能、压缩空气储能等新型储能相比，抽水蓄能是技术最成熟、历史最悠久、设备容量最大的商业化储能技术。能量转换效率较高，一般为 70%~75%，最高可达 85%。2023 年，全国新投产的 17 台抽蓄机组，单机容量均在 30 万 ~35 万千瓦。目前，我国抽蓄机组最大单机容量已达 40 万千瓦，这一规模不仅远超新型储能单体，甚至与气电单机规模相当。我国大型抽水蓄能电站技术已处于世界先进水平，国产化程度较高。

2. 运行灵活，调节性能好

（1）调节范围广

抽水蓄能可在发电和抽水两种工况下运行，具备独特的双向调节功能，其填谷作用是其他发电厂所不具备的。调节范围极为广泛，可实现 -100%~100% 额定功率调节。

（2）响应速度快

抽水蓄能启停迅速，爬坡速度快。每变化 10% 额定功率仅需 10 秒，从全停状态到满载发电约 5 分钟、从全停到满载抽水仅需 1 分钟。如此快速的响应能力，能够及时应对风电、光伏发电等的出力波动，有力保障电力供需实时平衡。

（3）调节周期长

抽水蓄能调节周期较长，储能时长一般为 4~10 小时，还可实现周调节、季调节，可有效满足新型电力系统对长时储能的需求。

3. 绿色低碳、安全可靠性高

（1）清洁、环保，无碳排放

抽水蓄能本质上属于水力发电，具有清洁、环保的特性，在“双碳”目标背景下，与其他能源技术相比，具有显著的比较优势。

（2）多功能电力支撑

抽蓄机组具备同步发电机功能，既能输出有功功率，又能提供无功功率以及转动惯量等支撑。除具备削峰填谷、促进新能源消纳的作用外，还拥有调频、调相、事故备用、黑启动等多种功能，对增强电力系统抗扰动能力、保障电力系统安全稳定运行意义重大。

（3）长使用寿命

抽水蓄能电站使用寿命长，正常情况下，可安全稳定运行 50 年以上。

（三）抽水蓄能电站面临的问题挑战

1. 选址要求高，开发难度大

抽水蓄能电站结构较为复杂，由上、下两个水库等部分构成。其选址和建设在很大程度上受资源条件的限制，对地形、地质、水源、成库等条件都有较高的要求。此外，还需综合考虑建设征地、移民安置、环境保护以及社会稳定风险等外部因素。随着抽水蓄能电站朝着高海拔、大容量、低水头的方向发展，其建设开发的难度将会进一步增大。

2. 建设周期长，成果见效慢

当前，我国新能源发电发展迅猛，以沙漠、戈壁、荒漠为重点区域的大型风电光伏基地建设正在稳步推进，这就迫切需要配套相应的电力调节资源，以保障新能源的高水平消纳和高比例外送。然而，新能源发电项目具有“短、平、快”的特点，建设周期一般为半年到 1 年，跨省跨区输电通道的建设周期一般为 2~4 年。与之形成鲜明对比的是，抽水蓄能电站建设工期较长，普遍需要 8~10 年。这使得抽水蓄能电站的建设明显滞后于新能源发电和配套电网项目的开发建设，在投产时序的匹配性上存在显著不足，难以在短期内有效提高电力系统的灵活调节能力，也无法迅速解决新能源大规模消纳的问题，难以满足新型电力系统建设的迫切需求。

三、经济性分析

（一）抽水蓄能电站成本相关情况

1. 电站基本参数

目前，在建的抽水蓄能电站，单机容量一般为 25 万 ~40 万千瓦，运营期限一般按照 30~50 年设计。

2. 项目总成本构成

抽水蓄能工程项目总成本包括投资成本和运维成本。

（1）投资成本趋势

“十四五”以来，我国抽水蓄能电站工程投资成本呈现逐年小幅上涨的态势。2023 年，单位造价水平达到 6230 元 / 千瓦，同比增长 2.65%。

（2）运维成本情况

除投资成本外，抽水蓄能电站每年正常运行还需维修、材料、人工等运维成本大约 60 元 / 千瓦。

（二）抽水蓄能电站度电成本

1. 度电成本测算说明

本书为了简化对抽水蓄能电站度电成本的测算，未将资产折旧、设备替换以及税金等成本影响因素纳入计算范围，计算公式如式（3-7）~式（3-11）所示。

$$c_{度电}=\frac{C_{投资}+C_{维护}+C_{抽水}}{E_{总}} \tag{3-7}$$

$$C_{投资}=c_{单位投资}\times P \tag{3-8}$$

$$C_{维护}=\sum_{n=1}^{N}\frac{c_{单位维护}\times P}{(1+r)^n} \tag{3-9}$$

$$C_{抽水}=\sum_{n=1}^{N}\frac{c_{单位抽水}\times P\times T}{\eta_{PHS}\times(1+r)^n} \tag{3-10}$$

$$E_{总}=\sum_{n=1}^{N}\frac{P\times T}{(1+r)^n} \tag{3-11}$$

其中，$c_{度电}$为度电成本，$C_{投资}$为项目投资成本，$C_{维护}$、$C_{抽水}$分别为项目运营期内维护成本折现值、抽水成本折现值，$E_{总}$为项目运营期内总发电量，$c_{单位投资}$、$c_{单位维护}$、$c_{单位抽水}$分别为单位投资成本、单位维护成本、单位抽水成本，P为额定功率，r为折现率，N为设计年限，T为年利用小时数，η_{PHS}为抽水蓄能运行效率。

2. 运行方式关键参数

抽水蓄能电站在电力系统中主要履行调峰职责。其年发电利用小时数约为 1000 小时，运行效率 η_{PHS} 达 75%，也就是常见的“抽四发三”模式，即消耗 4 单位电能抽水储能，可转化发出约 3 单位电能用于满足用电高峰需求。

3. 成本测算假设条件

在对抽水蓄能电站度电成本进行测算时，设定了一系列假设条件：单位投资成本为 6000 元 / 千瓦，折现率为 8%，设计年限为 50 年。鉴于抽水工况多在用电低谷时段开展，单位抽水成本按低谷电价取值，为 0.25 元 / 千瓦 · 时。

4. 不同情景度电成本对比

依据上述假设条件，对不同情景下的抽水蓄能度电成本进行了详细测算。当考虑抽水成本，且年发电利用小时数为 1000 小时时，抽水蓄能度电成本为 0.88 元 / 千瓦 · 时；若不考虑抽水成本，度电成本则降至 0.55 元 / 千瓦 · 时。由此可见，抽水环节的电价因素对抽水蓄能度电成本影响显著。

5. 利用率与度电成本关系

抽水蓄能度电成本和年发电利用小时数密切相关。由图 3–5 呈现的不同年利用小时数水平下抽水蓄能度电成本情况可知，当年发电利用小时数从 1000 小时增加到 1300 小时时，度电成本降至 0.76 元 / 千瓦 · 时（考虑抽水成本），降幅约 3.6%；若不考虑抽水成本，度电成本可进一步降至 0.42 元 / 千瓦 · 时。这清晰地表明，提升抽水蓄能电站的利用率是降低度电成本的重要有效方式。

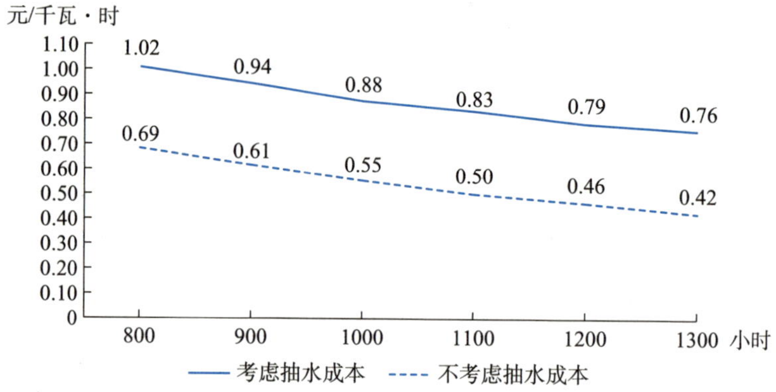

图 3–5　不同年利用小时数水平下抽水蓄能度电成本

第三节　新型储能

一、基本情况

（一）发展进程

1. 新型储能的定义与重要性

新型储能是指除抽水蓄能之外的各类新型储能技术，涵盖新型锂离子电池、液流电池、飞轮、压缩空气、氢（氨）储能、热（冷）储能等。它作为构建新型电力系统的关键技术和基础装备，是达成“双碳”目标的重要支撑力量。

2.“十三五”至“十四五”的发展进程

“十三五”以来，我国新型储能实现了从研发示范向商业化初期的过渡，在技术装备研发、示范项目建设、商业模式探索、政策体系构建等方面均取得了实质性的进展，市场应用规模也在稳步扩大。

“十四五”以来，国家大力推动新型储能高质量规模化发展，相继出台了一系列政策文件，如指导意见、实施方案、管理规范等，具体内容见表 3–5。其中，明确设定了发展目标：到 2025 年，实现从商业化初期向规模化发展的转变，市场环境和商业模式基本成熟，装机规模达到 3000 万千瓦以上，且电化学储能系统成本降低 30% 以上。

表 3–5 “十四五”以来国家出台的新型储能相关政策文件

时间	名称	文号	主要内容
2021 年 7 月	《国家发展改革委　国家能源局关于加快推动新型储能发展的指导意见》	发改能源规〔2021〕1051 号	统筹开展储能专项规划，大力推进电源侧储能项目建设，积极推动电网侧储能合理化布局，积极支持用户侧储能多元化发展。明确新型储能独立市场的主体地位，健全新型储能价格机制，健全“新能源＋储能”项目激励机制。完善储能建设运行要求，明确储能备案并网流程，健全储能技术标准及管理体系
2021 年 9 月	《国家能源局关于印发〈新型储能项目管理规范（暂行）〉的通知》	国能发科技规〔2021〕47 号	本规范适用于除抽水蓄能外以输出电力为主要形式，并对外提供服务的储能项目。新型储能项目管理坚持安全第一、规范管理、积极稳妥原则，包括规划布局、备案要求、项目建设、并网接入、调度运行、监测监督等环节管理
2022 年 1 月	《国家发展改革委　国家能源局关于印发〈“十四五”新型储能发展实施方案〉的通知》	发改能源〔2022〕209 号	聚焦各类应用场景，关注多元化技术路线，以稳步推进、分批实施的原则开展新型储能试点示范，加强示范项目跟踪评估。推动新型储能与新能源、常规电源协同优化运行，合理布局电网侧新型储能，实现用户侧新型储能灵活多样发展，拓展新型储能应用领域和应用模式。创新新型储能商业模式，探索共享储能、云储能、储能聚合等商业模式应用。深入推进新型储能领域国际能源合作，实现新型储能技术和产业的高质量“引进来”和高水平“走出去”

续表

时间	名称	文号	主要内容
2022 年 5 月	《国家发展改革委办公厅　国家能源局综合司关于进一步推动新型储能参与电力市场和调度运用的通知》	发改办运行〔2022〕475 号	新型储能可作为独立储能参与电力市场，鼓励以配建形式存在的新型储能项目，通过技术改造满足同等技术条件和安全标准时，可选择转为独立储能项目，涉及风光水火储多能互补一体化项目的储能，原则上暂不转为独立储能。鼓励新能源场站和配建储能联合参与市场，利用储能改善新能源涉网性能，保障新能源高效消纳利用。独立储能电站向电网送电的，其相应充电电量不承担输配电价和政府性基金及附加
2023 年 2 月	《国家标准化管理委员会　国家能源局关于印发〈新型储能标准体系建设指南〉的通知》	国标委联〔2023〕6 号	2023 年制修订 100 项以上新型储能重点标准，根据新型储能与风电、光伏和火电等电源联合运行、电网安全稳定运行、用户侧储能配置需要，开展多种新型储能产业链关键环节标准制修订。到 2025 年，在电化学储能、压缩空气储能、可逆燃料电池储能、超级电容储能、飞轮储能、超导储能等领域形成较为完善的系列标准。逐步构建适应技术创新趋势、满足产业发展需求、对标国际先进水平的新型储能标准体系
2023 年 5 月	《新能源基地送电配置新型储能规划技术导则》	NB/T 11194—2023	新能源基地送电配置新型储能应优先考虑新能源基地调峰和外送通道可靠送电需要。通过配套电源与新型储能的一体化运行，满足国家对外送通道可再生能源电量比例、新能源利用率、通道年利用小时数等要求，且不宜增加送端电网调峰压力。新能源基地送电配置新型储能的选型应在满足系统调峰需求的基础上，兼顾系统对储能调频、调压、调相、惯量支撑、紧急功率支撑等需求
2023 年 11 月	《国家能源局综合司关于加强发电侧电网侧电化学储能电站安全运行风险监测的通知》	国能综通安全〔2023〕131 号	电力企业应对本企业投资、运维的电化学储能电站电池组、电池管理系统（BMS）、能量管理系统（EMS）、储能变流器（PCS）、消防系统、网络安全、运行环境以及其他重要电气设备运行安全状态实施监测和管理，定期分析安全运行情况，强化运行风险预警与应急处置，对存在安全隐患的设备及系统，应能够及时预警并采取有效措施消除隐患。各电力企业应于 2024 年 12 月 31 日前完成本企业监测能力建设，2025 年以后新建及存量电化学储能电站应全部纳入监测范围

续表

时间	名称	文号	主要内容
2024 年 4 月	《国家能源局关于促进新型储能并网和调度运用的通知》	国能发科技规〔2024〕26 号	电网企业及电力调度机构须制定新型储能并网细则及并网服务工作指引等，明确并网流程、相关标准和涉网试验要求。电力调度机构应根据系统需求，制定新型储能调度运行规程，科学确定新型储能调度运行方式，公平调用新型储能调度资源。积极支持“新能源＋储能”、聚合储能、光储充一体化等联合调用模式发展，优先调用新型储能试点示范项目，充分发挥各类储能价值

资料来源：国家发展改革委、国家能源局网站。

（二）装机规模与发展态势

1. 已达成的装机规模目标

截至 2023 年底，全国已建成投运的新型储能项目累计装机规模达 3139 万千瓦 /6687 万千瓦·时，这一规模接近“十三五”末装机规模的 10 倍，提前两年完成了“十四五”规划中 2025 年装机规模达到 3000 万千瓦以上的发展目标。

从各地发展情况来看，截至 2023 年底，新型储能累计装机规模排名前 5 的省（区）分别为山东（398 万千瓦 /802 万千瓦·时）、内蒙古（354 万千瓦 /710 万千瓦·时）、新疆（309 万千瓦 /952 万千瓦·时）、甘肃（293 万千瓦 /673 万千瓦·时）、湖南（266 万千瓦 /531 万千瓦·时），这些省（区）的装机规模均超过了 200 万千瓦。此外，宁夏、贵州、广东、湖北、安徽、广西等 6 个省（区）的装机规模均超过 100 万千瓦。

2. 持续快速发展的态势

截至 2024 年底，全国已建成投运的新型储能项目累计装机规模达

7376万千瓦/1.68亿千瓦·时，同比增长幅度超过130%，充分显示出新型储能保持着快速发展的良好态势。

二、技术性分析

（一）新型储能技术优势及应用场景

1. 新型储能技术的突出优势

新型储能技术包含多种类型，具备诸多显著优势。其建设周期相对较短，选址简单且灵活，在调节能力方面表现强劲，爬坡速率可达50%～100%额定容量/分钟，从空载状态到满载状态仅需约10毫秒。凭借这些优势，新型储能能够实现调峰、调频、调压、事故备用、爬坡、黑启动等多种功能，并且可以灵活地部署在电源侧、电网侧和用户侧。

2. 不断丰富的应用场景

近年来，“新能源+新型储能”、独立储能、共享储能、工商业用户储能、源网荷储一体化等多样化的应用场景不断涌现并日益丰富。这些应用场景对于提升电力系统的调节能力、促进新能源的消纳与利用以及保障电力的安全稳定供应，发挥着越来越重要的作用。

3. 主要应用场景的分布情况

从整体应用情况来看，新型储能技术主要应用于源网侧，其作用包括支持可再生能源并网、延缓或替代输变电设施的升级改造、提升应急供电能力以及提供辅助服务等。2023年，我国新增投运的新型储能项目在不同侧的装机规模占比如图3-6所示。

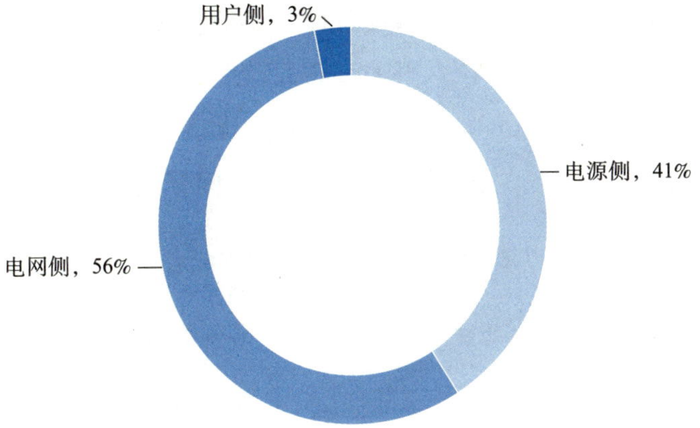

图 3-6 2023 年我国新增投运的新型储能项目在不同侧的装机规模占比

资料来源：中关村储能产业技术联盟。

（1）电源侧

装机规模占比为 41%，涵盖光储、风储、风光储以及火储等多种类型。

（2）电网侧

装机规模占比为 56%，其中绝大部分是独立储能，还有少量为汇集站、配电网、台区等配置的储能设施。

（3）用户侧

装机规模占比为 3%，主要集中在工商业用户。

（二）不同类型新型储能技术对比

1. 新型储能技术分类与技术特性

（1）新型储能技术分类

新型储能技术类型众多，按照储能原理可分为电化学储能、机械储能、电磁储能、储热 / 储冷、氢储能等多种类型。

（2）技术特性差异与适用场景

各主要类型的新型储能技术特性差异显著，具体见表 3-6。在响应时间、储能时长、系统效率、循环寿命、能量密度以及技术成熟度等关键指标上，不同新型储能技术表现出较大差距，这也决定了它们适用于不同的应用场景。例如，响应速度快的技术更适合对快速调节需求高的场景，而储能时长较长的技术则更能满足长时间储能需求的场景。

表 3-6　各主要类型的新型储能技术特性对比

分类	储能技术	响应时间	储能时长	系统效率	循环寿命	能量密度	技术成熟度	应用场景
电化学储能	锂离子电池	毫秒级	毫秒～小时级	85%～90%	2000～10000 次	140～220 瓦·时 / 千克	大规模应用	调峰、调频、能量管理、备用
	全钒液流电池	秒级	小时级	65%～75%	≥ 10000 次	18～35 瓦·时 / 升	初步规模化应用	调峰、调频、能量管理、备用
	铅炭电池	毫秒级	毫秒～小时级	75%～85%	1600～4500 次	40～60 瓦·时 / 千克	试验示范	调峰、调频、备用
	钠离子电池	毫秒级	秒～小时级	85%～90%	1500～4000 次	120～140 瓦·时 / 千克	试验示范	调峰、调频、能量管理、备用
机械储能	压缩空气储能	分钟级	小时～数日	50%～70%	>10000 次（≥ 20 年）	2～3 千瓦·时 / 立方米	初步规模化应用	调峰、备用、黑启动
	飞轮储能	毫秒级	毫秒～分钟级	80%～90%	≥ 20 年	>20 瓦·时 / 千克	初步规模化应用	调频、调压、暂态支撑
电磁储能	超级电容器储能	毫秒级	毫秒～分钟级	90%～95%	>100000 次	5～10 瓦·时 / 千克	试验示范	调频、平滑波动
	超导储能	毫秒级	毫秒～秒级	>90%	>20 年	300～3000 瓦·时 / 千克	研发攻关	调频、平滑波动
储热 / 储冷	熔盐储热	小时级	小时级	储热效率：70%～75%	25～30 年	50～60 瓦·时 / 千克	试验示范	光热发电、火电灵活性改造、清洁供暖

续表

分类	储能技术	响应时间	储能时长	系统效率	循环寿命	能量密度	技术成熟度	应用场景
氢储能	高压气态储氢	分钟级	数日～数月	电—氢—电转换效率：30%～50%	15～20年	1000～1300瓦·时/千克	试验示范	新能源消纳、削峰填谷、备用

资料来源：根据《中国新型储能发展报告2024》及互联网公开资料整理。

2. 已投运技术占比与发展态势

截至2023年底，我国已投运新型储能各类技术占比情况通过图3-7清晰呈现。从实际应用状况分析，锂离子电池储能凭借高能量密度、长循环寿命以及快速响应能力等突出优势，在当前占据绝对主导地位。2023年，其已投运规模占新型储能总装机规模的97.4%。与此同时，压缩空气储能、液流电池储能等技术发展迅速。自2023年起，多个300兆瓦等级的压缩空气储能项目、100兆瓦等级的液流电池储能项目以及兆瓦级的飞轮储能项目相继开工建设。此外，重力储能、液态空气储能、二氧化碳储能等新兴技术也逐步落地实施，充分表明新型储能技术正朝着多元化方向蓬勃发展。

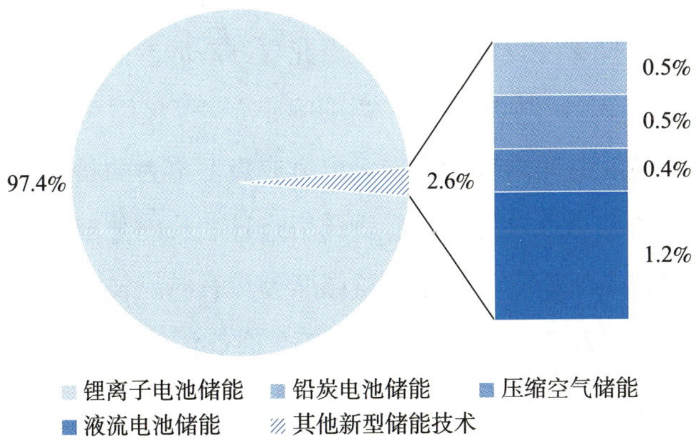

图3-7　截至2023年底我国已投运新型储能各类技术占比

资料来源：国家能源局。

（三）新型储能技术面临的问题和挑战

新型储能技术在蓬勃发展的同时，也面临经济性、适用性、安全性等多种问题挑战。

1. 经济性困境

在新型储能技术发展进程中，经济性问题较为突出。依据《2023年度电化学储能电站行业统计数据》，2023年新能源配储的平均运行系数仅为0.09，这意味着日均运行小时数为2.18小时，年均运行小时数为797小时，平均利用率指数仅17%，平均等效充放电次数104次。尽管相比2022年，整体利用情况稍有改善，但新能源配储的利用率依旧处于较低水平。同时，由于商业模式尚不完善，市场机制不够健全，已投入运营的新型储能项目普遍经济性欠佳，项目收益存在较大的不确定性，对新型储能技术的商业推广和可持续发展造成较大影响。

2. 适用性短板

当前，长时储能技术不成熟，成为新型储能推广应用的一大制约因素。以锂离子电池储能为代表的现有新型储能技术，仅能解决小时级的电力调节问题。例如在新能源配储场景中，其主要作用于日内调峰，通过储能设备的充放电操作实现削峰填谷，以此提升新能源的消纳利用水平。然而，当出现连续多日“极热无风”“阴雨无光”等极端天气时，风电、光伏等新能源在较长时间内可能出现无出力或极低出力的状况。此时，电力系统为保障电力安全稳定供应，需要调用跨日、跨周甚至跨季节的长周期调节资源。但目前压缩空气储能、氢储能等长时储能技术尚不成熟，导致新型储能难以满足新型电力系统建设对于长时储能的应用需求。

3. 安全性隐患

安全问题是新型储能发展道路上的关键风险点。据不完全统计，

2011—2023年，全球范围内新型储能电站安全事故发生超过60起。事故原因涵盖储能电池本体热失控，以及电池管理系统、辅助系统等故障。值得注意的是，部分事故环节至今仍未找到完全、彻底的解决方案。随着新型储能单体及电站装机规模持续扩大，未来面临的火灾、爆炸等安全隐患可能会进一步加剧。因此，迫切需要通过强化技术创新、实施动态监测以及优化系统管理等措施，有效应对潜在的安全风险，确保新型储能技术安全、可靠发展。

三、经济性分析

（一）成本现状与测算框架

1. 成本下降趋势与现状

随着技术进步，近年来新型储能成本快速下降，且预计未来仍有不小的下降空间。《中国电力行业年度发展报告2024》显示，2023年锂离子电池储能电站工程单位造价为1871元/千瓦·时、钠离子电池储能电站工程造价单位为2200元/千瓦·时、全钒液流电池储能电站工程造价单位为3788元/千瓦·时。

2. 度电成本测算说明

为更好评估新型储能电站全生命周期的度电成本，除初始投资以外，还需要考虑维护成本、替换成本以及充电成本等，计算公式如式（3–12）~式（3–17）所示。为简化计算，本书中暂未考虑储能系统的自放电率、循环衰退等影响因素。

$$c_{度电}=\frac{C_{投资}+C_{维护}+C_{替换}+C_{充电}}{E_{总}} \quad (3\text{–}12)$$

$$C_{投资}=c_{单位投资}\times P \quad (3\text{–}13)$$

$$C_{维护}=\sum_{n=1}^{N}\frac{c_{单位维护}\times P}{\left(1+r\right)^{n}} \tag{3-14}$$

$$C_{替换}=\sum_{n=1}^{N}\frac{c_{单位替换}\times E}{\left(1+r\right)^{n}} \tag{3-15}$$

$$C_{充电}=\sum_{n=1}^{N}\frac{c_{单位充电}\times E\times T\times\theta_{DOD}}{\eta_{RT}\times\left(1+r\right)^{n}} \tag{3-16}$$

$$E_{总}=\sum_{n=1}^{N}\frac{E\times T\times\theta_{DOD}}{\left(1+r\right)^{n}} \tag{3-17}$$

其中，$c_{度电}$为度电成本，$C_{投资}$为项目投资成本，$C_{维护}$、$C_{替换}$、$C_{充电}$分别为项目运营期内维护成本折现值、替换成本折现值、充电成本折现值，$E_{总}$为项目运营期内总放电量，$c_{单位投资}$、$c_{单位维护}$、$c_{单位替换}$、$c_{单位充电}$分别为单位投资成本、单位维护成本、单位替换成本、单位充电成本，P 为额定功率，r 为折现率，E 为额定电量，N 为储能运营年限，T 为年循环次数，θ_{DOD} 为放电深度，η_{RT} 为储能充放电效率。

（二）锂离子电池储能度电成本测算

考虑到当前新型储能电站工程应用以锂离子电池储能为主，以100 兆瓦 /200 兆瓦・时典型锂离子电池储能系统为例，其基本参数如表3-7 所示，对其度电成本进行测算分析。

表 3-7　锂离子电池储能系统基本参数

参数	100 兆瓦 /200 兆瓦・时储能
额定功率 / 万千瓦	10
额定电量 /（万千瓦・时）	20
单位投资成本 /［元 /（千瓦・时）］	1200
单位维护成本 /［元 /（千瓦・年）］	30
单位替换成本 /［元 /（千瓦・时）］	500
折现率 /%	8

续表

参数	100 兆瓦 /200 兆瓦・时储能
储能效率 /%	90
放电深度 /%	90
储能运营年限 / 年	20
年循环次数 / 次	350
循环寿命 / 次	5000
充电电价 / [（元 / 千瓦・时）]	0.25

目前，锂离子电池循环寿命大约为 5000 次，若年运行次数为 350 次（约平均每天充放电一次），在考虑一定折损的基础上，需要在第 12 年进行一次替换。综合考虑初始投资成本、维护成本、替换成本、充电成本以及储能效率、放电深度、循环寿命、年循环次数等因素，不同情景下锂离子电池储能系统度电成本如表 3–8 所示。

表 3–8　不同情景下锂离子电池储能系统度电成本

单位：元 / 千瓦・时

	不考虑充电电价	充电电价 0.25 元 / 千瓦・时
运营年限 10 年（不考虑替换成本）	0.615	0.893
运营年限 20 年（考虑替换成本）	0.500	0.778

若考虑充电电价（运营年限 20 年），100 兆瓦 /200 兆瓦・时锂离子电池储能电站的度电成本为 0.778 元 / 千瓦・时，其中投资成本占比 50%，维护成本占比 6%，替换成本占比 8%，充电成本占比 36%。可见，投资成本和充电成本占比较高，降低初始投资成本、充分利用低谷电价充电均可有效降低储能电站的度电成本。

（三）影响度电成本的关键因素

新型储能度电成本与充放电利用率，也就是年循环次数密切相关，不同年循环次数情况下锂离子电池储能系统度电成本如图 3-8 所示。

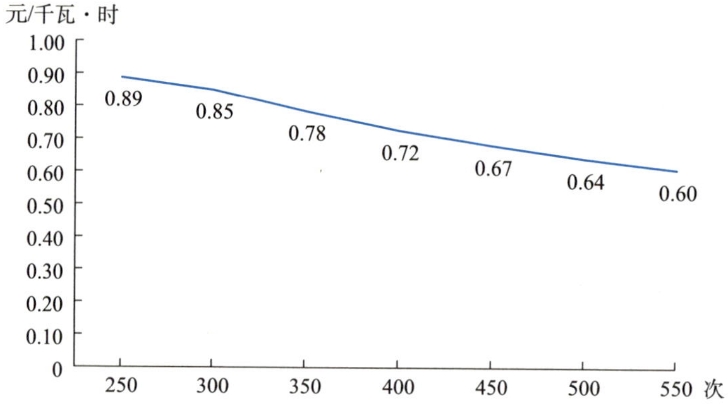

图 3-8　不同年循环次数情况下锂离子电池储能系统度电成本

以 100 兆瓦 /200 兆瓦·时锂离子电池储能系统为例，若年循环次数降低至 250 次，则度电成本上涨至 0.89 元 / 千瓦·时；若年循环次数增加至 550 次，则度电成本可降至 0.60 元 / 千瓦·时，因此提高新型储能的利用频次是降低度电成本的关键举措之一。

此外，新型储能度电成本与充电成本密切相关，不同充电成本水平下锂离子电池储能系统度电成本如图 3-9 所示。一般情况下，储能在用电低谷或新能源大发时段进行充电，此时电力供应充足，电价水平较低。

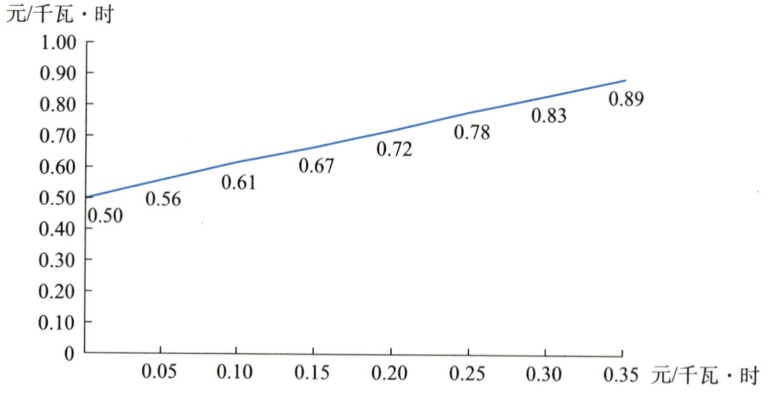

图 3-9　不同充电成本水平下锂离子电池储能系统度电成本（年循环次数为 350 次）

若考虑极端情况，储能全部在风光发电过剩、出现零电价的时段充电，则度电成本可以降至 0.50 元 / 千瓦 · 时（年循环次数为 350 次）。

第四节 天然气发电

一、技术性分析

（一）发电类型划分与特点

依据热力循环特性，天然气发电主要分为简单循环发电与燃气—蒸汽联合循环发电两类，具体参数见表 3-9。两种模式在设备构成、运行效率及调节能力上存在显著差异，共同支撑电力系统稳定运行。

表 3-9 天然气发电项目类型和特点

	简单循环机组	联合循环机组
容量范围	2 万 ~52 万千瓦	20 万 ~78 万千瓦
综合效率	40% 左右	50%~63%
启停时间	热态启动 6~10 分钟； 冷态启动 18 分钟	热态启动 30 分钟至 1 小时； 冷态启动 2~3.5 小时
调节范围	20%~100%	38%~100%
负荷变化速率	15% 额定容量 / 分钟	10% 额定容量 / 分钟

（二）简单循环发电技术解析

简单循环发电系统由燃气轮机与发电机构成，其燃烧产生的高温废气直接排放，未进行余热回收利用。

1. 优点

组装架设快、启停灵活、调节迅速，从启动到满负荷运行一般小于20分钟，爬坡速率可以达到每分钟额定功率的15%。

2. 缺点

效率较低，能源综合利用效率约40%，与常规燃煤机组效率相当。

（三）燃气—蒸汽联合循环发电技术解析

燃气—蒸汽联合循环发电是指将燃气轮机和蒸汽轮机组合起来的一种发电方式，主要由燃气轮机（压气机、燃烧室、透平、控制系统和辅助系统）、余热锅炉、蒸汽轮机和发电机组成，在简单循环的基础上，通过余热锅炉、蒸汽轮机对燃气轮机排气余热予以利用。

1. 优点

该机组模式能显著提升能源利用率，综合利用率达60%左右，较同等功率的煤电机组高出15%~20%。

2. 缺点

由于增加了余热锅炉和蒸汽轮机，与简单循环机组相比，联合循环机组设备复杂度增加，启动时间延长、爬坡速率有所下降，在一定程度上牺牲了调节灵活性。

（四）我国气电应用现状与调节能力

目前，我国天然气发电项目以燃气—蒸汽联合循环机组为主，能源综合利用效率较高，但灵活调节性能多有损失。但无论简单循环机组还是联合循环机组，其热态启动时间都在1小时以内，不仅可用于深度调峰，还能够启停调峰，从而使其调节范围从0扩大至100%，在电力系统调峰、调频中发挥着关键作用。

二、经济性分析

与燃煤发电类似，天然气发电工程项目总成本包括初始投资、维护成本、燃料成本、材料及其他成本。“十四五”以来，燃气—蒸汽联合循环发电工程单位造价水平逐年小幅上涨，2023 年达到约 2400 元 / 千瓦。

根据《火力发电工程经济评价导则》（DL/T 5435—2019），项目运营期一般按 20 年考虑，修理提存率为 3%~3.5%。燃料成本主要由耗气量和天然气价格决定，材料及其他成本约为 0.02 元 / 千瓦 · 时。

天然气发电度电成本计算公式可参考煤电，如式（3–1）~ 式（3–6）所示。

表 3–10 给出了天然气发电项目基本参数。

表 3–10　天然气发电项目基本参数

参数	40 万千瓦联合循环	65 万千瓦联合循环	80 万千瓦联合循环
单位投资成本 /（元 / 千瓦）	2372	2400	2152
单位维护成本 /［元 /（千瓦 · 年）］	68.0	69.5	62.9
单位材料及其他成本 /［（元 / 千瓦 · 时）］	0.02	0.02	0.02
厂用电率 /%	2.5	2.5	2.5
折现率 /%	8	8	8
发电效率 /%	55	60	63
单位发电耗气量 /［立方米 /（千瓦 · 时）］	0.184	0.169	0.161
单位气价 /（元 / 立方米）	2.5	2.5	2.5
年利用小时数 / 小时	2600	2600	2600

资料来源：《火力发电工程经济评价导则》（DL/T 5435—2019）、《中国电力行业年度发展报告 2024》《中国电力行业年度发展报告 2023》。其中 40 万千瓦、65 万千瓦联合循环机组单位投资成本为 2023 年数据，80 万千瓦联合循环机组单位投资成本为 2022 年数据。

根据表 3–10 所给参数，当气价为 2.5 元 / 立方米时，不同容量等级的联合循环机组度电成本为 0.54~0.62 元 / 千瓦 · 时，其中投资成本占比约 12%、维护成本占比约 4%、燃料成本占比约 80%、材料及其他成本占比约 3%，如表 3-11 所示。

表 3-11　天然气发电项目度电成本

成本	40 万千瓦 联合循环	65 万千瓦 联合循环	80 万千瓦 联合循环
投资成本 / 万元	94880	156000	172160
维护成本折现值 / 万元	27946	45949	50709
燃料成本折现值 / 万元	469591	699495	819921
材料及其他成本折现值 / 万元	20422	33185	40843
总成本折现值 / 万元	612839	934629	1083633
总发电量折现值 /（万千瓦・时）	995560	1617785	1991120
度电成本 /［元 /（千瓦・时）］	0.616	0.578	0.544

随着气电机组发电效率不断提高，单位发电耗气量逐步降低，燃料成本也随之下降，因此上述三种型号气电机组中，80 万千瓦级联合循环机组的度电成本最低。

与煤电相比，气电燃料成本在总成本中的占比更高，高出约 10 个百分点，因此气电度电成本受燃料价格影响更大，不同气价水平下天然气发电度电成本如图 3-10 所示。

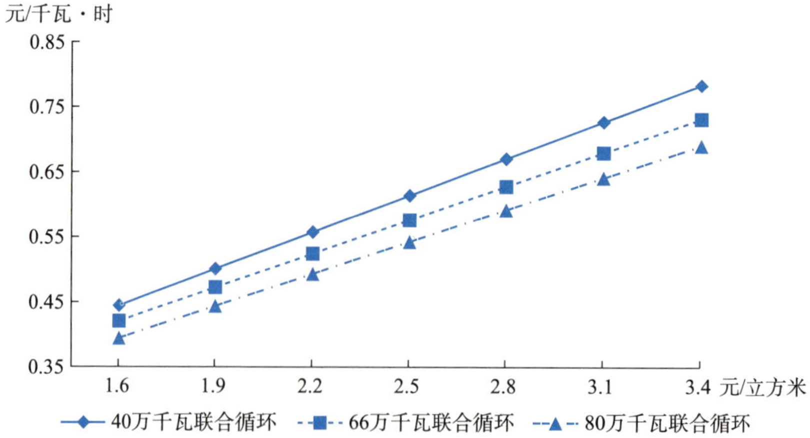

图 3-10　不同气价水平下天然气发电度电成本

当气价为 1.6 元 / 立方米时，80 万千瓦级联合循环机组度电成本可降低至 0.40 元 / 千瓦・时；当气价为 3.4 元 / 立方米时，度电成本将提升至 0.69 元 / 千瓦・时。此外，气电度电成本还与年利用小时数密切相关，考虑到气电在电力系统中的定位以调峰为主，随着新型电力系统建设推进，气电年利用小时数将与当前持平或进一步下降。

不同年利用小时数水平下天然气发电度电成本如图 3-11 所示，其中，若气电年利用小时数降低至 2000 小时，则不同容量等级的联合循环机组度电成本将上升至 0.58~0.65 元 / 千瓦・时。

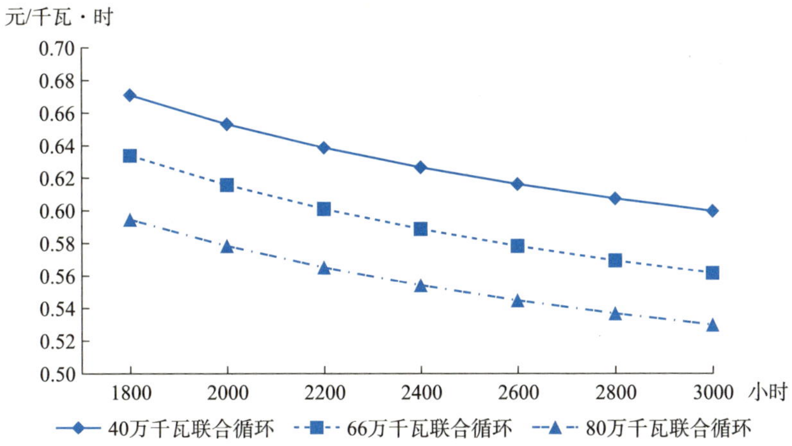

图 3-11　不同年利用小时数水平下天然气发电度电成本

三、天然气发电与其他储调资源对比分析

在新型电力系统建设进程中，煤电、气电、抽水蓄能和新型储能等储调资源凭借不同技术经济特性，共同支撑电力系统稳定运行。需结合区域资源条件、发展需求及应用场景，科学选择适配的灵活调节资源。各主要储调资源技术经济性及优缺点见表 3-12、表 3-13。

表 3-12　主要储调资源技术经济性比较

储调类型		灵活性改造制造的煤电	抽水蓄能	新型储能	天然气发电
调节范围		30%~100%	-100%~100%	-100%~100%	0~100% （考虑启停调峰）
启动	停机—满载	6~8 小时	120~150 秒	15~20 毫秒	十几分钟至 3.5 小时
	空载—满载	1.5 小时	30~35 秒	10~15 毫秒	几分钟至 1 小时
爬坡速率 / （额定容量 / 分钟）		3%~6%	50%~100%	50%~100%	10%~15%
调节时间尺度		日内、长周期	日内、多日	分钟级、日内	日内、长周期
投资成本 ［元 / 千瓦或元 / （千瓦·时）］		改造：300~700 新建：3700~4700	5500~6500	1000~2000	2100~2400
度电成本 ［元 /（千瓦·时）］		0.4~0.5	0.7~1.0	0.6~0.9	0.5~0.7

注：抽水蓄能度电成本考虑抽水成本；新型储能以锂离子储能为例，度电成本考虑充电成本。

表 3-13　主要储调资源优缺点对比分析

储调类型	灵活性改造制造的煤电	抽水蓄能	新型储能	天然气发电
优势	• 基数大、机组多，深度调峰技术成熟 • 改造或新建机组最小出力可达到额定出力的 20%~30%	• 爬坡速度快，启停速度快 • 调节范围广，从 -100% 到 100% • 单机容量大	• 响应速度快，调节能力强 • 种类众多、部署灵活 • 建设周期短	• 响应速度较快，可用于启停调峰 • 占地面积小，部署较灵活 • 适合应用于可再生能源富集区、负荷中心等
劣势	• 响应调节速度较慢，难以启停调峰 • 改造后的机组煤耗、污染物排放增加，寿命和安全性受影响	• 站址资源有限，开发难度大 • 建设周期长 • 投资成本高	• 利用率偏低、经济性较差 • 无法解决长周期调节问题 • 安全风险突出	• 天然气价格高 • 气源存在不确定性 • 频繁启停和调节增加维修成本

（一）气电与煤电的对比分析

气电与煤电同属传统火力发电，长期作为电力系统基础性电源，兼具发电与调节功能。受能源资源结构、国际贸易环境、装备制造水平及环保政策等因素影响，发达国家如美国、德国以气电为主要调节电源，而我国当前仍以煤电为主力。

1. 经济性差异

在现有煤价和气价体系下，煤电凭借较低的燃料成本占据经济性优势地位。但随着碳减排政策推进，若将碳价纳入成本核算，气电的低碳属性或将使其经济性得以凸显。

2. 调节性能对比

煤电机组经灵活性改造后，最小技术出力从设计值 50% 降至 30%，甚至更低，但在调节范围、爬坡速率和启停速度上仍不及气电。深度调峰还会对煤电机组的安全性、环保性及经济性产生负面影响。相较之下，气电具备快速启停和爬坡能力，更适用于负荷剧烈波动场景。

3. 战略定位差异

基于我国能源禀赋与装机结构现状，煤电短期内仍承担电力系统兜底保障与灵活调节的核心职责，成为气电当前发展的主要竞争对象。

（二）气电与储能的对比分析

目前，电力系统中应用的储能资源主要有抽水蓄能电站和新型储能两大类。

1. 与抽水蓄能对比

抽蓄电站技术成熟、调节能力强，但一方面受限于站址资源稀缺、开发条件严苛以及建设成本高昂，发展规模存在瓶颈，只能作为部分地区的优质调节电源；另一方面抽水蓄能电站的建设周期长（8~10 年），短期内难以大规模发挥调节作用，无法适应当前新能源快速发展需求。与抽水蓄能相比，气电具备投资成本低、建设周期短且占地面积小的优势，可灵活部署各类场景。

2. 与新型储能对比

新型储能技术多样、响应迅速，但面临经济性不足、市场机制不完善、安全风险高等挑战。其本质为耗能型能量转换设备，无法持续供电，仅能满足小时级调节需求，缺乏长周期储能能力。气电作为有源电源，可覆盖日内、跨日、跨月乃至跨季节等多元场景，在保障电力系统稳定运行方面具有重要作用。从中长期来看，随着长时储能技术突破，气电将面临更激烈的竞争。

总体而言，天然气发电凭借高转换效率、强灵活性和快速响应能力，在负荷跟踪与长周期调节领域具备显著优势，但同时面临发电成本高、气源保障难度大等问题。在新能源大规模并网的背景下，气电仍是提升电力系统灵活性、保障供电安全的关键调节资源之一，在电力结构转型中发挥着不可替代的过渡与支撑作用。

第四章

天然气发电的发展空间和战略定位

第一节　“双碳”目标下天然气发电的发展空间

一、基于电力电量平衡分析的气电发展规划模型

为测算“双碳”目标下气电发展规模潜力，本书建立了基于电力电量平衡分析的气电发展规划模型，其流程如图 4-1 所示，包括电力需求预测、电力平衡分析、电量平衡分析以及碳排放测算等计算模块，用于分析不同情景下分时段气电装机发展规模。

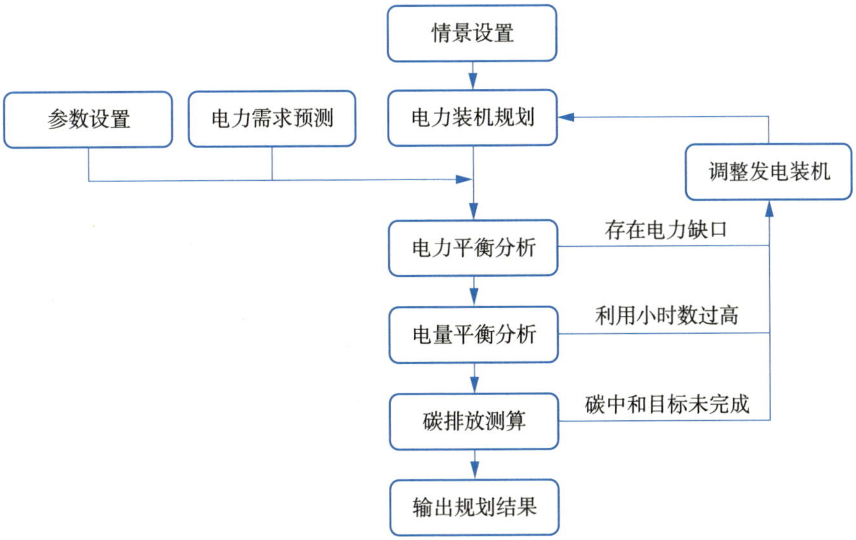

图 4-1　气电发展规划模型流程

二、全社会电力电量需求预测

(一)电量需求预测

1."十四五"以来我国用电量变化情况

新发展阶段，我国面临着经济增长、产业升级、能源转型等多重目标，能源电力对经济增长的支撑作用越发凸显。2016 年以来全国全社会用电量变化情况如图 4-2 所示。

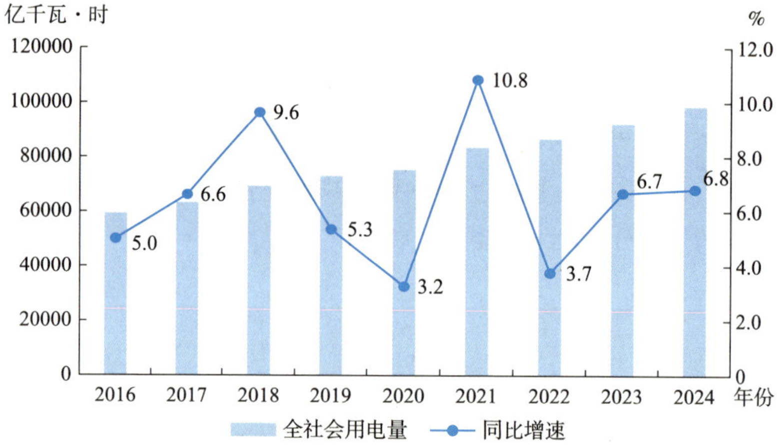

图 4-2　2016 年以来全国全社会用电量变化情况

"十四五"以来，我国全社会用电量快速增长，2021—2024 年年均增量超过 5800 万千瓦·时，年均增速达到 7.0%，连续 4 年增速超过经济增速，电力弹性系数保持超过 1 的较高水平。2024 年，全国全社会用电量达 9.85 万亿千瓦·时，较上年增长超过 6200 万千瓦·时，同比增速达 6.8%。

电力消费快速增长主要由四大因素拉动。

（1）工业领域电能替代持续推进

第二产业在我国用电结构中占比超过 60%，工业升级转型过程中电锅炉、电窑炉、冶金电炉、矿山采选“油改电”等电气化、智能化进程加快，拉动工业领域用电量稳步增长。

（2）以新能源产业为代表的新型制造业用电量大幅攀升

随着制造业向高端化、智能化、绿色化发展，以新能源、储能、电动汽车等为代表的新动能不断壮大，新兴产业用电需求大幅攀升。例如，2023 年光伏设备及元器件制造、新能源车整车制造和风能原动设备制造用电量分别增长 76.8%、38.8% 和 23.2%。

（3）数字经济、充换电等新产业新业态带动用电高速增长

近年来，我国数据中心用电量年均增速超过 10%，特别是人工智能算力需求大幅增加，成为拉动电力消费增长的重要动力。此外，电动汽车保有量不断扩大，拉动充换电量大幅增长。2023 年全国充换电服务业用电量超过 235 亿千瓦·时，同比增长达 78.1%。

（4）居民用电量持续快速增长

随着居民生活水平不断提高以及高温、严寒等极端天气多发频发，空调等采暖、制冷用电需求大幅增加。例如，2024 年第三季度，受川渝、长三角等地持续性极端高温天气影响，8 月、9 月全国居民用电量增速分别高达 23.7%、27.8%，拉动全社会用电量实现 8.9%、8.5% 的快速增长。

2.“十五五”及中远期全国用电量预测

（1）用电需求增长驱动因素

在“双碳”目标的引领下，我国经济发展方式加速转变，产业结构不断优化。新能源、新材料、高端装备等新兴产业持续发展壮大，充换电、5G、数据中心等新兴业态呈现蓬勃发展之势。同时，终

端用能电气化进程不断加快，民众对于提升生活舒适度的需求日益强烈，再加上极端天气频繁出现，这些因素都将有力地推动用电需求持续增长。

（2）用电量预测方法与数据构成

本节对全社会用电量的预测采用“自下而上”的分部门预测方法。具体来说，全社会用电量由工业、建筑、交通等终端用能部门的用电需求，以及抽蓄、储能、线损等电能损耗，再加上制氢用电量汇总得出。2020—2060 年全国全社会用电量的变化趋势如图 4-3 所示。

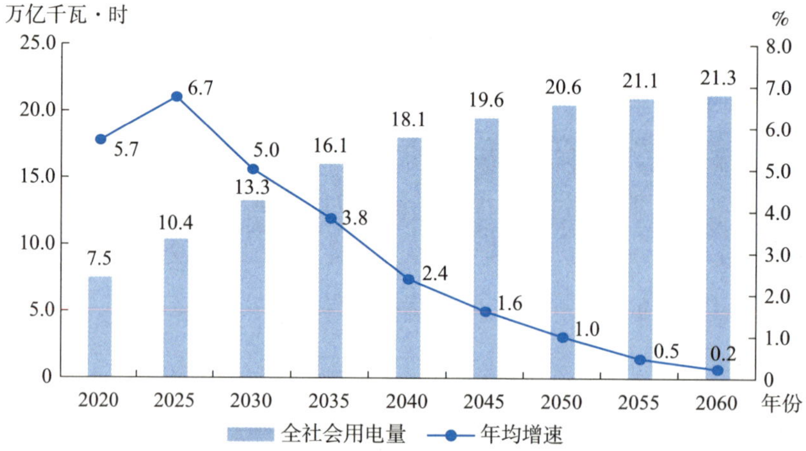

图 4-3　2020—2060 年全国全社会用电量变化趋势

（3）近中期用电量增长预测

在近中期，预计全社会用电量将继续保持较快的增长速度。其中，“十四五”“十五五”“十六五”期间全社会用电量的年均增速分别为 6.7%、5.0% 和 3.8%。据此，到 2025 年、2030 年、2035 年，全社会用电量将分别达到 10.4 万亿千瓦·时、13.3 万亿千瓦·时和 16.1 万亿千瓦·时。

（4）远期用电量增长趋势

到了远期，随着 2035 年我国基本实现社会主义现代化，预计全社会用电量的增速会有所放缓，但仍将维持小幅增长的态势。预计到2050年、2060年，全社会用电量将分别达到20.6万亿千瓦·时、21.3万亿千瓦·时，与2023年的水平相比实现了翻番。

（二）最高用电负荷预测

1. 负荷尖峰化特征加剧

随着经济社会发展和人民生活水平提高，第三产业和居民用电负荷占比持续提升，用电尖峰负荷越来越高、峰谷差越来越大的趋势越发明显。同时，用电负荷对气温变化十分敏感，高温、寒潮等极端天气导致部分地区夏季、冬季短时尖峰用电负荷屡创新高。

“十四五”以来，全国最高用电负荷持续攀升，2020—2023年年均增长近1亿千瓦，2024年达14.51亿千瓦，较上年增长超过1亿千瓦，再创历史新高。

随着产业结构调整、智能家居普及以及极端天气多发频发，未来一段时间用电负荷尖峰化特征将进一步加剧。2020—2060年全国最高用电负荷变化趋势如图4-4所示。

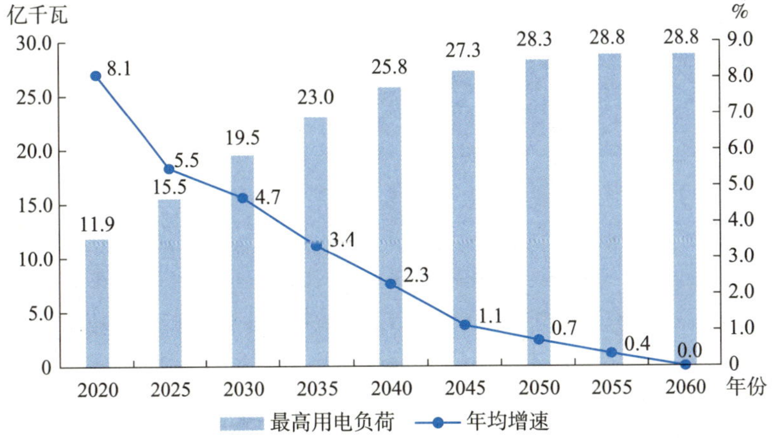

图4-4　2020—2060年全国最高用电负荷变化趋势

2. 近中期负荷快速攀升

全国最高用电负荷仍将快速攀升，预计到 2025 年、2030 年、2035 年全国最高用电负荷将分别达到 15.5 亿千瓦、19.5 亿千瓦和 23.0 亿千瓦。

3. 远期进入峰值平台

随着全社会用电量增速逐步放缓，全国最高用电负荷也将进入峰值平台，预计到 2050 年、2060 年全国最高用电负荷将分别达到 28.3 亿千瓦、28.8 亿千瓦。

三、非化石能源发电发展趋势

近年来，随着新能源快速发展，我国电力绿色低碳转型加速，电力装机结构持续优化。2016 年以来全国各类型电源装机规模及非化石能源发电装机占比如图 4-5 所示。

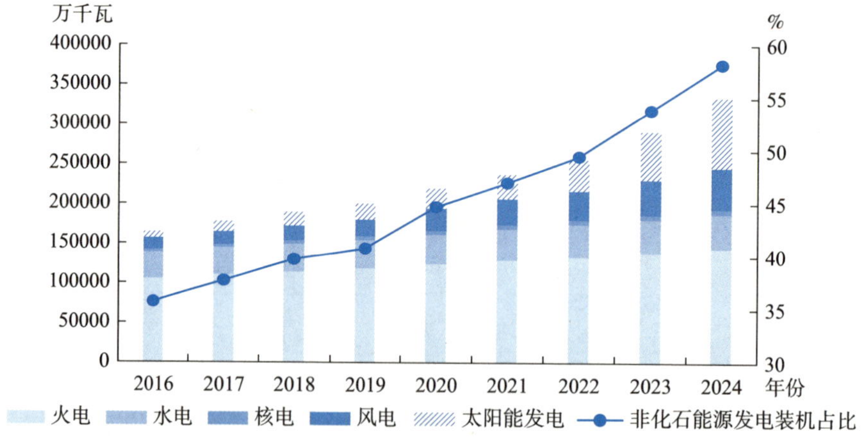

图 4-5　2016 年以来全国各类型电源装机规模及非化石能源发电装机占比

截至 2023 年底，全国非化石能源发电装机容量达 15.7 亿千瓦，占总发电装机比重首次突破 50%。截至 2024 年底，全国非化石能源发电装机容量达 19.5 亿千瓦，同比增长 23.8%，占总发电装机比重进一步提升至 58.2%，比上年底提高 4.3 个百分点。

随着碳达峰碳中和工作不断推进，新型电力系统加快构建，我国电源结构将由以煤电为主向风电、光伏、水电、核电等多轮驱动转变，非化石能源发电将成为电力供应的主体。综合考虑风电、光伏、水电、核电、生物质等非化石能源发电发展形势，预计 2020—2060 年全国非化石能源发电装机占比变化趋势如图 4-6 所示。

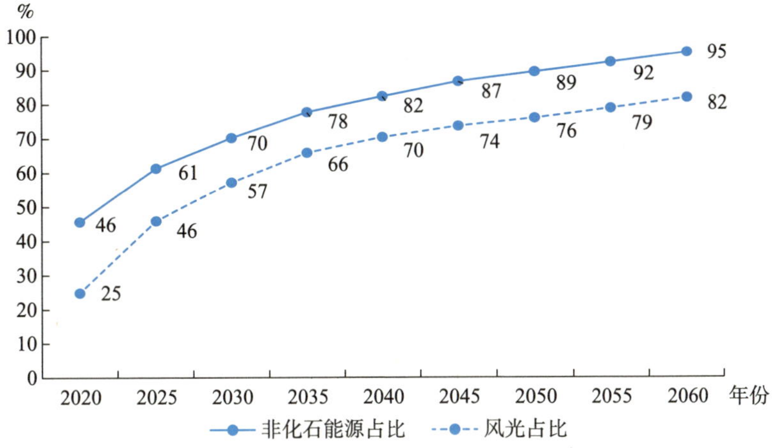

图 4-6　2020—2060 年全国非化石能源发电装机占比变化趋势

1. 非化石能源发电近中期发展预测

我国处于能源转型过渡时期，以沙漠、戈壁、荒漠地区为重点的大型风电光伏基地加快建设，水电、核电装机规模持续扩大，非化石能源发电对化石能源发电将由增量替代向存量替代转换。预计到 2030 年、2035 年全国非化石能源发电装机占比将分别达到 70% 和 75% 以上。

2. 非化石能源发电远期发展展望

我国将进入以实现碳中和为目标的崭新发展阶段，电力供应结构发生根本性转变，非化石能源发电成为电力装机和发电量的双主体。预计到2050年全国非化石能源发电装机占比将达到90%左右，2060年进一步提升至95%。

（一）风电的发展状况与前景

1. 碳达峰碳中和推动下的风电发展现状

“双碳”目标的确定，为新能源行业开辟了广阔的发展空间，有力地推动风电实现跃升式发展。在“十四五”的前3年，全国累计新增风电装机容量超过1.6亿千瓦。截至2023年底，全国风电装机规模已达4.4亿千瓦；2024年新投产的风电装机容量接近8000万千瓦，使得截至2024年底全国风电装机规模进一步扩大至5.2亿千瓦。我国拥有丰富的风能资源，大规模发展风电是实现“双碳”目标的关键路径。

2. 风电发展的方向

一方面，秉持集中式与分布式共同发展的原则，稳步推进大型风电基地的建设工作，积极推动东中部地区的分散式风电开发，并且开展“千乡万村驭风行动”，充分挖掘各地风能资源潜力。另一方面，坚持海陆并重的发展思路，大力推进海上风电的规模化、集群化发展，以山东半岛、长三角、闽南、粤东、北部湾等地区为重点，打造千万千瓦级的海上风电基地。

3. 近中期风电发展预期

在近中期，风电将继续保持大规模的发展态势。预计到2030年，全国风电装机规模将达到10.5亿～11.5亿千瓦；到2035年，装机规模将达到16亿～17亿千瓦。在“十五五”和“十六五”期间，年均新增装机容量不低于8000万千瓦，持续保持较高的增长速度。

4. 远期风电发展展望

到了远期，虽然风电装机仍需要维持一定的增长规模，但增长速度会有所减缓。预计到2050年，全国风电装机规模将达到24.5亿～26.5亿千瓦；到2060年，装机规模将达到28亿～30亿千瓦，逐步实现风电在能源结构中的稳定占比和可持续发展。

（二）太阳能发电的发展状况与前景

1. “十四五”以来的发展成就

“十四五”时期以来，随着技术的快速迭代、成本的大幅下降，光伏发电迎来了迅猛的发展势头。截至2023年底，全国太阳能发电装机规模已达6.1亿千瓦，成功超越水电和风电，成为我国装机规模第二大的电源类型。其中，集中式光伏发电装机量为3.5亿千瓦，分布式光伏发电装机量为2.6亿千瓦。2024年，全国新增太阳能发电装机容量约2.8亿千瓦，在总新增装机容量中的占比超过64%，这一数据在2023年新增2.2亿千瓦的基础上再创新高。到2024年底，全国太阳能发电装机规模增长至8.9亿千瓦。太阳能发电不仅是我国能源转型的重要推动力量，也成为不少地方经济发展的关键新动能。

2. 太阳能发电的发展方向

随着碳达峰碳中和工作的持续深入推进，未来太阳能发电需要进一步加快发展步伐。一方面，充分发挥西部地区土地广袤、光照条件良好的资源优势，全面推进太阳能发电的大规模开发，加速西部地区大型光伏基地的建设进程。另一方面，积极推动分布式光伏发电的发展，开展“千家万户沐光行动”，广泛推广农光互补、渔光互补、光伏建筑一体化、光储充一体化等创新模式，实现太阳能的就地就近开发与利用。

3. 近中期发展预期

在近中期，光伏发电将继续保持快速发展的态势。预计到 2030 年，全国光伏发电装机规模将达到 20 亿 ~21 亿千瓦；到 2035 年，装机规模将达到 32 亿千瓦左右。在“十五五”和“十六五”期间，年均新增装机容量不低于 2 亿千瓦，持续保持较高的增长速度。

4. 远期发展展望

从远期来看，光伏发电仍将保持增长趋势。预计到 2050 年，全国光伏发电装机规模将达到 56 亿 ~58 亿千瓦；到 2060 年，装机规模将达到 67.5 亿 ~69 亿千瓦，在我国能源结构中占据更为重要的地位，为实现碳中和目标发挥关键作用。

（三）常规水电的发展现状与前景

1. 常规水电的重要地位与现状

水力发电在我国能源体系中扮演着关键角色，是调整优化能源结构、降低化石能源使用比例、实现节能减排目标的重要手段，同时也是保障电力电量平衡、维护电力系统安全稳定运行的重要常规电源。水力发电主要分为常规水电和抽水蓄能两大类，截至 2024 年底，全国常规水电装机规模约为 3.8 亿千瓦。在“双碳”目标的指引下，需要科学地协调水电开发与生态保护之间的关系。

2. 常规水电的发展方向

在“双碳”目标的指引下，需要科学地协调水电开发与生态保护之间的关系。为实现可持续发展，需有序推进大型水电基地的建设工作，并对大型水电站进行升级改造。积极推动金沙江上游、澜沧江上游、雅砻江中游、黄河上游等水电项目的开工建设，同时推进川滇黔桂、藏东南水风光综合基地的开发建设，充分发挥水电资源优势。

3. 近中期发展预期

综合考量资源潜力、开发条件以及已规划项目的进展情况，在近中期，预计到 2030 年，全国常规水电装机规模将达到 4.2 亿 ~4.3 亿千瓦；到 2035 年，装机规模将达到 4.5 亿 ~4.8 亿千瓦。在“十五五”和“十六五”期间，年均新增装机容量为 700 万 ~1000 万千瓦，保持稳定增长。

4. 远期发展展望

从远期来看，我国水电开发的重心将进一步向西南地区转移，重点推进“三江”流域大型水电基地的建设工作，深度挖掘藏东南水电资源的开发潜力。预计到 2050 年，全国常规水电装机规模将达到 5.5 亿 ~6.0 亿千瓦。2050 年之后，全国常规水电装机规模将趋于稳定，形成较为成熟的水电发展格局。

（四）抽水蓄能的发展现状与前景

1. 抽水蓄能的重要性及现状

抽水蓄能作为当前最为成熟的大规模储能技术之一，在应对新能源发电的波动性、提升电力系统调节能力方面具有重要意义。截至 2024 年底，全国抽水蓄能装机规模已达 5869 万千瓦。在“双碳”目标的大背景下，抽水蓄能将成为新型电力系统中重要的调节性电源。

2. 抽水蓄能的发展方向

为充分发挥抽水蓄能的作用，需积极开展抽水蓄能资源调查行动，加快推动已纳入规划且条件成熟的大型抽水蓄能电站开工建设。同时，根据各地实际情况，因地制宜地开展灵活分散的中小型抽水蓄能电站示范项目，以此扩大抽水蓄能的发展规模。

3. 近中期发展预期

依据抽水蓄能中长期发展规划，在近中期，预计到2030年，全国抽水蓄能装机规模将达到1.2亿千瓦；到2035年，装机规模将增长至1.8亿千瓦。在“十五五”和“十六五”期间，年均新增装机规模约为1200万千瓦，呈现较为稳定的增长态势。

4. 远期发展展望

从远期来看，鉴于传统火电装机规模逐步下降，抽水蓄能在保障电力系统安全稳定运行方面的作用将越发重要，其发展空间依然较大。预计到2050年，全国抽水蓄能装机规模将达到3.4亿~3.6亿千瓦；到2060年，装机规模将进一步提升至3.6亿~4.0亿千瓦，持续为电力系统的稳定运行提供有力支撑。

（五）核电的发展现状与展望

1. 核电的重要地位与发展现状

核电作为稳定可靠的非化石能源发电形式，能够为电力系统提供坚实的基础电力电量支撑，是实现“双碳”目标的关键保障力量。近年来，随着三代核电技术的不断进步以及能源绿色低碳转型的推进，我国核电发展速度有所加快。2022—2023年连续两年核准10台核电机组，2024年更是进一步核准11台核电机组。截至2024年底，全国核电装机规模已达到6083万千瓦。核电凭借其优质高效的清洁能源属性，在新型电力系统建设中必将发挥重要作用。

2. 核电的发展方向

为充分发挥核电的优势，需要积极、安全、有序地推进核电发展。具体举措包括启动一批沿海核电项目的建设工作，同时推动高温气冷堆、快堆、模块化小型堆、海上浮动堆等先进堆型的示范工程，促进核电技术的创新与发展。

3. 近中期发展预期

在近中期，核电发展主要集中在沿海地区。预计到 2030 年，全国核电装机规模将达到 1.2 亿 ~1.3 亿千瓦；到 2035 年，装机规模将增长至 1.7 亿 ~1.9 亿千瓦。在“十五五”和“十六五”期间，年均新增装机规模为 1000 万 ~1200 万千瓦，呈现较为稳定的增长态势。

4. 远期发展展望

从远期来看，核电的发展空间在很大程度上受到地理位置、政策导向以及社会接受程度等因素的影响。根据业内的普遍研究，沿海地区核电资源潜力约为 2.3 亿千瓦。如果未来考虑发展内陆核电，预计到 2050 年，全国核电装机规模将达到 3.5 亿 ~3.6 亿千瓦；到 2060 年，装机规模将达到 3.5 亿 ~3.8 亿千瓦，为我国能源结构的优化和碳中和目标的实现作出更大贡献。

（六）生物质发电的发展现状与前景

1. 生物质发电的重要意义与现状

生物质发电作为可再生能源利用的重要方式，具备多重优势。它不仅能够有效提升农林废弃物、城市垃圾等资源的循环利用效率，作为唯一的可再生碳源，还可与 CCUS 技术相结合，形成生物质能碳捕集与封存（BECCS）技术实现负碳排放，是助力电力行业达成碳中和目标的关键技术之一。截至 2024 年底，全国生物质发电装机容量约为 4600 万千瓦。

2. 生物质发电的发展方向

为进一步推动生物质发电的发展，未来需持续推进农林生物质发电、沼气发电和城镇生活垃圾焚烧发电项目的建设。同时，加快 BECCS 技术的研发进程，并开展试点示范工作，从而为实现碳中和目标开辟更多元化的技术路径。

3. 近中期发展预期

综合考量生物质能的资源潜力、分布区域以及收集运输等多方面因素，在近中期，预计到2030年，全国生物质发电装机规模将达到5000万千瓦；到2035年，装机规模将增长至7000万千瓦，稳步提升生物质发电在能源结构中的占比。

4. 远期发展展望

从远期来看，预计到2050年，全国生物质发电装机规模将达到1.1亿千瓦；到2060年，装机规模将进一步增长至1.2亿千瓦。考虑到能源转型阶段的推进以及技术的不断进步，预计在2050年前后，部分符合条件的生物质发电机组将开启BECCS的商业化应用，为电力部门创造负碳空间。预计到2050年、2060年，BECCS的生物质发电装机规模将分别达到300万千瓦和2000万千瓦，届时将有力推动电力行业向低碳、零碳方向发展。

（七）新型储调技术的发展现状与展望

1. 新型储调技术的兴起与现状

在新型电力系统加速构建的背景下，除了煤电灵活性改造、气电、抽水蓄能等传统调节手段外，新型储能、电动汽车V2G以及氢储能等新型储调技术不断涌现。当前，新型储能技术更新换代迅速，发展态势良好，已全面迈入商业化应用阶段；而电动汽车V2G以及氢储能等技术尚处于前期技术研发和试点示范阶段，暂不具备大规模商业化应用的条件。尽管如此，随着技术的持续进步、产业的逐步培育以及商业模式的不断成熟，新型储调技术的应用规模将日益扩大，在构建新型电力系统、助力实现碳中和目标的过程中发挥越发重要的作用。

2. 近中期发展预期

在近中期，新型储能技术的发展速度相较于其他新型储调技术更为突出。预计到2030年，新型储能装机规模将达到1.4亿~2.0亿千瓦；到2035年，装机规模将进一步增长至2.4亿~4.0亿千瓦。而电动汽车V2G和氢能发电技术在这一时期仍将以试点示范和小规模应用为主，持续积累经验，为后续发展奠定基础。

3. 远期发展展望

从远期来看，新型储能、电动汽车V2G以及氢能发电技术将逐步走向成熟并得到广泛推广，成为新型电力系统中重要的调节手段。预计到2050年，全国新型储能装机规模将达到7.0亿~9.0亿千瓦，电动汽车V2G最大充放电规模达到4.0亿~7.0亿千瓦，氢能发电装机规模达到1.0亿~1.5亿千瓦；到2060年，新型储能装机规模将达到8.0亿~10.0亿千瓦，电动汽车V2G最大充放电规模达到6.0亿~8.0亿千瓦，氢能发电装机规模达到2.0亿~2.5亿千瓦，为电力系统的稳定运行和能源转型提供有力支撑。

四、天然气发电发展空间分析

电力系统安全稳定运行是能源领域的重要基石，而合理的电源发展规划必须兼顾电量平衡与电力平衡这两个关键条件。电力电量平衡与全国用电需求的增长趋势、非化石能源发电的发展态势以及新型储调技术的演进方向等密切相关，在具体分析中还考虑了各类型电源的利用小时数、保障出力系数、碳排放因子等核心参数，使得电源规划结果尽可能科学合理。当前，我国已明确提出在2030年前实现碳达峰、2060年前达成碳中和的目标，电力部门低碳转型是实现“双碳”目标的重要前提和支撑，因此在电源规划过程中，充分考虑了电力部门2030年前碳达峰、2060年前碳中和的时间要求。

通过严谨且细致的电力电量平衡分析，在满足碳达峰碳中和要求的前提下，得出科学合理的电源规划方案。在这个过程中，对天然气发电的发展规模也进行了相应的展望。该展望基于对整体能源形势和电源结构的综合判断，有助于明确天然气发电在未来能源体系中的发展方向和潜在规模。

为了能更深入、全方位地探究不同情景下天然气发电的发展空间，充分考虑了电力部门的转型进程，这关系到气电在能源转型中的角色转变；非化石能源的发展节奏，其快速发展会对气电的市场空间产生影响；以及天然气发电在能源体系中的定位和作用等多方面因素。在此基础上，精心设置了三组不同的展望情景，具体的情景内容和相关分析见表4-1，通过对这些情景的研究可以更清晰地了解天然气发电的发展机遇与挑战。

表4-1 “双碳”目标下气电发展空间分析的情景设置

情景设定	稳步发展情景	火电竞争情景	加速转型情景
电力部门碳中和时间	2055—2060年	2055—2060年	2050—2055年
煤电	“十五五”时期保持一定发展规模，预计2030年前装机容量和发电量达到峰值	与稳步发展情景相比，达峰时间相同，但装机峰值规模更大，2030年后退出节奏更平稳	与稳步发展情景相比，达峰时间、峰值规模相同，但2030年后加速退出
气电	大力发展，近中期发挥电力电量支撑、调节等作用，远期以调节为主	积极发展，主要发挥调节作用	稳步发展，近中期以调节为主，远期发挥调节、应急备用等作用
常规水电	平稳有序发展，预计2050年装机达到峰值，随后保持稳定	与稳步发展情景相同	与稳步发展情景相比，发展节奏更积极，装机峰值规模更大

续表

情景设定	稳步发展情景	火电竞争情景	加速转型情景
核电	积极安全有序发展核电，2045 年后适时发展内陆核电	与稳步发展情景相同	与稳步发展情景相比，发展节奏更积极，2040 年后适时发展内陆核电，装机峰值规模更大
新能源	积极发展风电、光伏发电，2040 年前后成为发电量主体	积极发展风电、光伏发电，2040 年前后成为发电量主体	大力发展风电、光伏发电，规模是三个情景中最大的
储调技术	积极发展抽水蓄能以及新型储能、电动汽车 V2G、氢能发电等新型储调技术	与稳步发展情景相同	与稳步发展情景相比，抽水蓄能、新型储能、电动汽车 V2G、氢能发电等储调技术发展节奏更快、装机规模更大
CCUS	2035 年前后，煤电开始推广应用 CCUS 技术；2050 年前后，气电、生物质发电开始推广应用 CCUS 技术，助力电力系统深度脱碳	与稳步发展情景相比，CCUS 示范应用时间节点相同，但到 2060 年，“火电 + CCUS” 应用规模更大	与稳步发展情景相比，CCUS 示范应用时间节点相同，但到 2060 年，“火电 + CCUS” 应用规模更小

（一）稳步发展情景下的电力部门发展展望

稳步发展情景下，2020—2060 年各类型电源装机容量以及发电量变化趋势如图 4-7 所示，各类型电源碳排放量及电力部门碳排放变化趋势见表 4-2。以下将从非化石能源发电、化石能源发电以及电力部门碳排放等方面，对该情景下电力部门的发展展望进行详细分析。

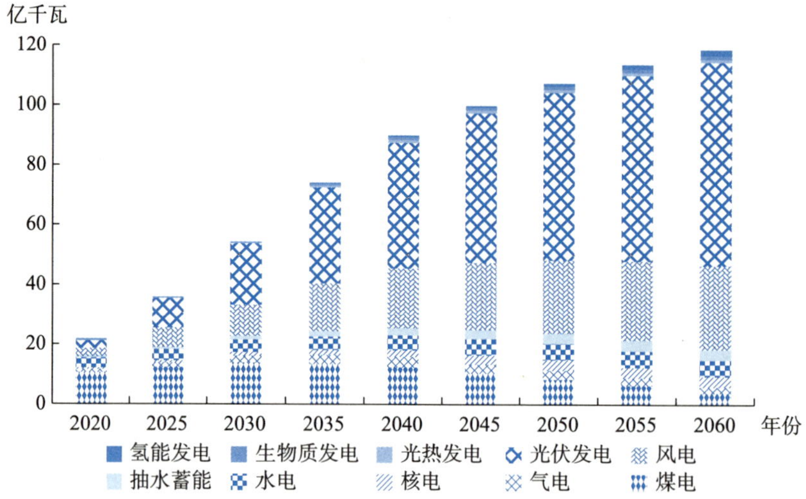

（1）各类型电源装机容量变化趋势

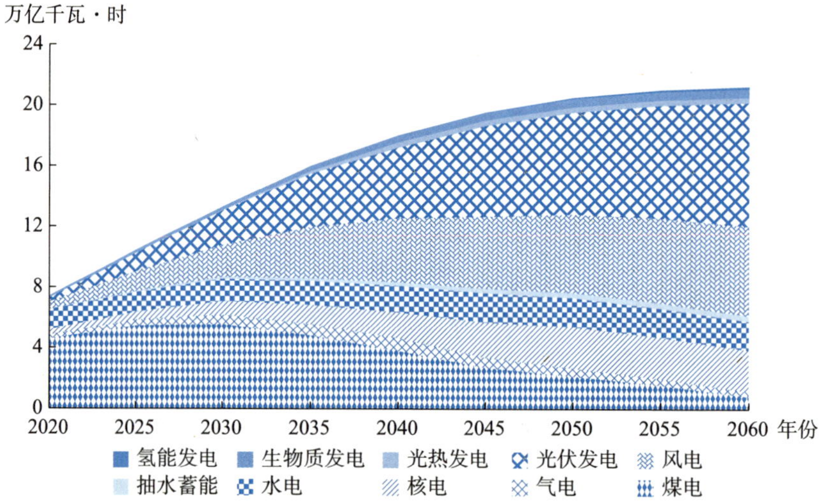

（2）各类型电源装机发电量变化趋势

图 4–7　稳步发展情景下的电力部门发展展望

表 4–2　稳步发展情景下的电力部门碳排放变化趋势

单位：亿吨

	2020年	2025年	2030年	2035年	2040年	2045年	2050年	2055年	2060年
煤电碳排放量（考虑 CCS）	38.18	45.35	46.18	40.08	31.66	20.83	13.86	7.04	0.71
气电碳排放量（考虑 CCS）	1.12	1.72	2.75	3.32	3.71	2.92	1.72	0.66	0.14

续表

	2020年	2025年	2030年	2035年	2040年	2045年	2050年	2055年	2060年
BECCS 负碳排放量	0.00	0.00	0.00	0.00	0.00	0.00	−0.15	−0.60	−1.00
发电总碳排放量	39.30	47.07	48.93	43.40	35.37	23.75	15.43	7.1	−0.15

1. 非化石能源发电的发展态势

在稳步发展情景中，非化石能源发电呈现积极且有序的发展格局。其中，风电和光伏产业得到大力发展，装机规模和发电量占比持续稳步提升，成为推动能源转型的重要力量。水电则保持平稳发展，为电力供应提供稳定支撑。核电的发展遵循有序原则，逐步扩大装机规模，其发电量占比也相应增加。整体来看，非化石能源发电在能源结构中的占比不断提高，对减少碳排放、实现能源可持续发展发挥着关键作用。

2. 化石能源发电的发展变化

为达成2030年碳达峰目标，在“十五五”期间，煤电仍需保持一定规模的增长，以满足电力系统稳定运行的需求。然而，随着能源转型的深入推进，煤电装机规模和发电量在该阶段之后将逐步下降。相较于煤电，气电凭借其运行灵活、碳排放较低等显著优势，在2040年前将保持稳步增长的态势。但随着碳中和工作的持续推进，气电的装机规模和发电量也将逐步缩小和减少，以适应能源低碳化的发展趋势。

3. 电力部门碳排放的控制与目标实现

在稳步发展情景下，为实现电力系统的碳中和目标，采取了一系列有效措施。对电力系统稳定运行所必需的煤电、气电设备加装CCUS装置，以降低其碳排放。同时，发展一定规模的BECCS机组，进一步增强碳减排能力。通过这些措施的综合实施，电力系统有望在2055—2060年实现碳中和，为应对气候变化作出积极贡献。

（二）火电竞争情景下的电力部门发展展望

在火电竞争情景设定下，2020—2060 年各类型电源装机容量及发电量的变化趋势如图 4-8 所示，各类型电源碳排放量以及电力部门碳排放的变化趋势则呈现于表 4-3 中。

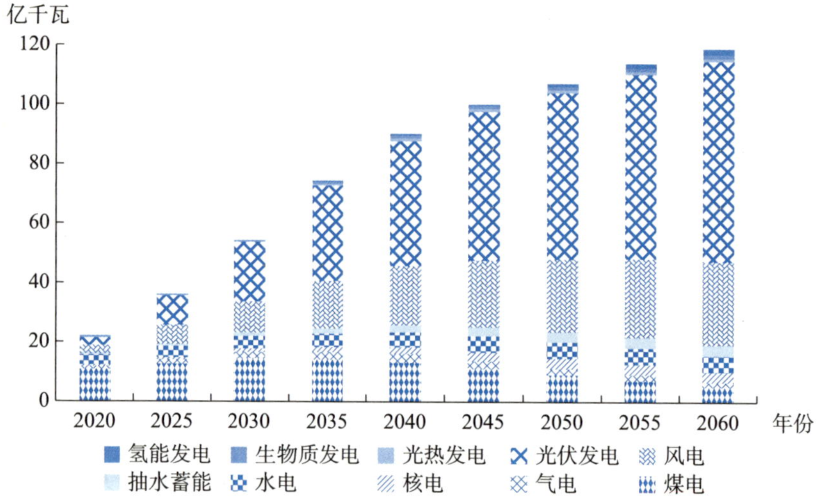

（1）各类型电源装机容量变化趋势

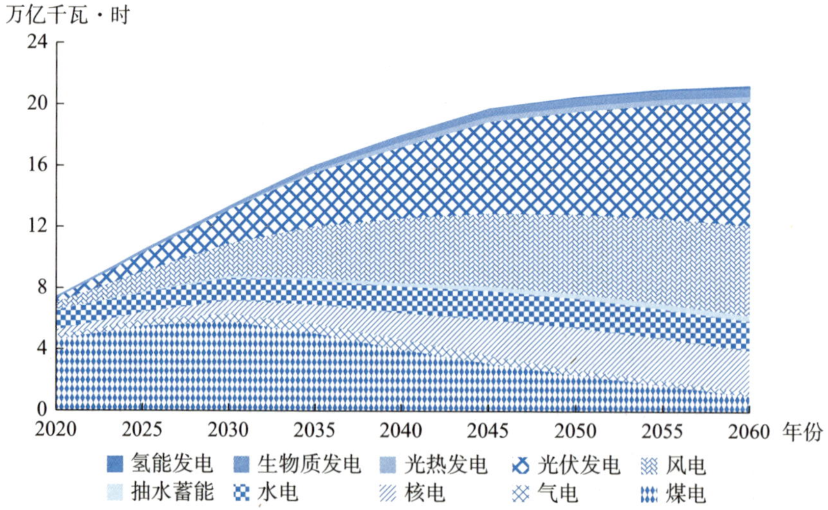

（2）各类型电源发电量变化趋势

图 4-8　火电竞争情景下的电力部门发展展望

表 4-3　火电竞争情景下的电力部门碳排放变化趋势

单位：亿吨

	2020年	2025年	2030年	2035年	2040年	2045年	2050年	2055年	2060年
煤电碳排放量（考虑 CCS）	38.18	45.35	47.83	41.56	32.98	23.58	14.93	7.78	0.84
气电碳排放量（考虑 CCS）	1.12	1.72	2.21	2.65	2.92	2.21	1.05	0.46	0.10
BECCS 负碳排放量	0.00	0.00	0.00	0.00	0.00	0.00	-0.15	-0.60	-1.00
发电总碳排放量	39.30	47.07	50.04	44.21	35.90	25.79	15.83	7.64	-0.06

1. 非化石能源发电的发展态势

在火电竞争情景中，非化石能源发电领域里，风电、光伏、水电以及核电等的发展节奏与稳步发展情景基本保持一致。这表明在不同的火电发展竞争态势下，非化石能源发电依然按照自身的技术发展和资源开发节奏稳步推进，持续提升其在电力供应结构中的占比，为能源转型和可持续发展提供稳定支撑。

2. 化石能源发电的发展变化

考虑到我国以煤炭为主的能源资源禀赋特点，在火电竞争情景中，煤电的支撑性和保障性地位更为突出。与稳步发展情景相比，煤电装机峰值规模约高出 5000 万千瓦，并且在 2030 年后的退出节奏更为平稳，这体现了煤电在较长时间内对电力系统稳定供应的重要作用。而对于气电来说，由于在近中期其主要的竞争对象是煤电，煤电规模的更高占比在一定程度上压缩了气电的发展空间，导致气电的装机峰值规模较稳步发展情景有所降低，反映出气电在与煤电的竞争中面临着一定的挑战。

3. 电力部门碳排放的控制与目标实现

与稳步发展情景类似，在火电竞争情景下，为实现电力系统的碳中和目标，也采取了对煤电、气电以及生物质发电加装 CCUS 装置的措施。通过这些手段，电力系统同样能够在 2055—2060 年实现碳中和，展示了在不同电源发展格局下，通过技术手段控制碳排放以达成碳中和目标的可行性和有效性。

（三）加速转型情景下的电力部门发展展望

在加速转型情景设定下，2020—2060 年各类型电源装机容量、发电量及碳排放量变化趋势分别呈现于图 4-9 与表 4-4 中。

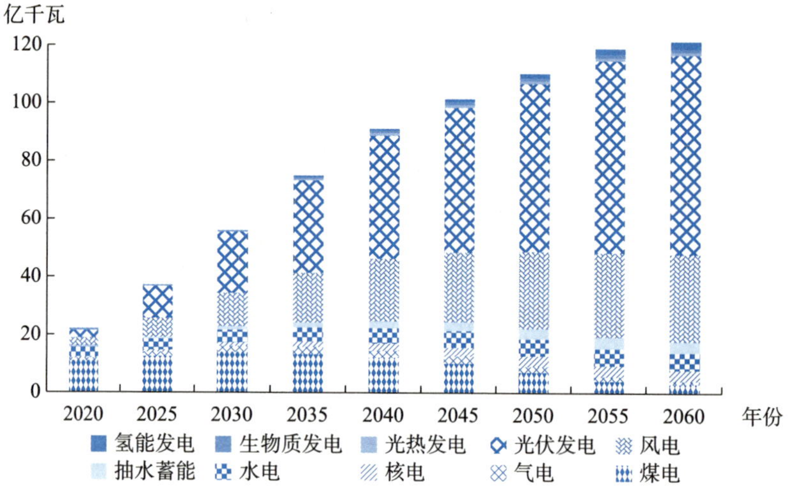

（1）各类型电源装机容量变化趋势

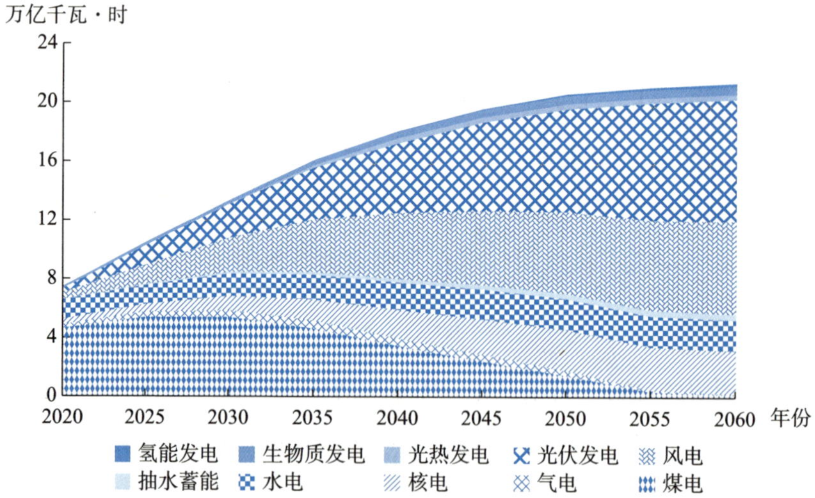

（2）各类型电源发电量变化趋势

图 4-9　加速转型情景下的电力部门发展展望

表 4-4 加速转型情景下的电力部门碳排放变化趋势

单位：亿吨

	2020年	2025年	2030年	2035年	2040年	2045年	2050年	2055年	2060年
煤电碳排放量（考虑 CCS）	38.18	44.32	44.45	38.10	28.45	17.90	8.94	0.66	0.12
气电碳排放量（考虑 CCS）	1.12	1.59	2.03	2.43	2.21	1.61	0.54	0.04	0.02
BECCS 负碳排放量	0.00	0.00	0.00	0.00	0.00	0.00	−0.15	−0.75	−1.00
发电总碳排放量	39.30	45.91	46.48	40.53	30.66	19.51	9.33	−0.05	−0.86

加速转型情景以更激进的能源转型路径为核心，通过对电源结构、储调技术的系统性调整，推动电力部门加速迈向碳中和目标，具体分析如下。

1. 非化石能源发电的跨越式发展

在加速转型情景下，风电、光伏、水电、核电等非化石能源发电迎来更大发展。相较于稳步发展情景，2060 年风电、光伏发电合计装机规模将额外增加约 3 亿千瓦，水电装机规模提升 5000 万千瓦，核电装机规模增长 3000 万千瓦。这一趋势凸显非化石能源在能源转型中的核心驱动作用，通过规模化扩张快速替代传统能源，加速电力结构低碳化进程。

2. 化石能源与储调技术的格局重构

（1）化石能源的加速退坡

从化石能源发电看，电力系统绿色低碳转型显著压缩煤电、气电等传统电源的发展空间，其装机容量与发电量峰值均低于稳步发展情景，且退出电力系统的节奏大幅加快，体现传统能源在加速转型中的快速边缘化趋势。

（2）储调技术的强化部署

为填补火电规模下降带来的调节缺口，抽水蓄能与新型储调技术迎来爆发式增长。预计到 2060 年，抽水蓄能装机规模较稳步发展情景增加约4000万千瓦，新型储能规模、电动汽车V2G充放电规模、氢能发电装机规模分别提升2亿千瓦、2亿千瓦与5000万千瓦，成为支撑新型电力系统稳定运行的关键力量。

3. 电力部门提前实现碳中和

由于远期火电装机与发电量显著缩减，电力系统碳排放控制成效显著提升，碳中和目标实现时间较稳步发展情景提前5~10年，预计在2050—2055年达成。这一成果验证了加速转型路径对推动电力行业深度脱碳的积极作用，为实现"双碳"目标提供更多元的路径选择。

（四）不同情景下天然气发电发展空间对比分析

1. 天然气发电在不同情景下的发展特征

由于在三种情景下，各类型电源的装机规模、发电量以及电力部门碳达峰时间不尽相同，因而气电在电力系统中的电力电量贡献也不同，其发展空间见表4–5。在不同情景下，气电装机规模发展趋势对比如图4–10所示。

表4–5　不同情景下2020—2060年气电发展空间

	2020年	2025年	2030年	2035年	2040年	2045年	2050年	2055年	2060年
（1）稳步发展情景									
装机容量/亿千瓦	1.0	1.5	2.3	3.0	3.5	3.0	3.0	2.5	2.0
含CCS装机容量/亿千瓦	0.0	0.0	0.0	0.0	0.0	0.0	0.5	1.0	2.0
发电量/（万亿千瓦·时）	0.25	0.39	0.62	0.75	0.84	0.66	0.53	0.42	0.32
用气量/亿立方米	528	816	1299	1568	1757	1380	1098	878	669
年利用小时数/小时	2532	2600	2700	2500	2400	2200	1750	1680	1600
（2）火电竞争情景									
装机容量/亿千瓦	1.0	1.5	2.0	2.5	3.0	2.5	2.0	2.0	1.5

续表

	2020年	2025年	2030年	2035年	2040年	2045年	2050年	2055年	2060年
含 CCS 装机容量 / 亿千瓦	0.0	0.0	0.0	0.0	0.0	0.0	0.5	1.0	1.5
发电量 /（万亿千瓦·时）	0.25	0.39	0.50	0.60	0.66	0.50	0.35	0.31	0.23
用气量 / 亿立方米	528	816	1046	1255	1380	1046	732	648	470
年利用小时数 / 小时	2532	2600	2500	2400	2200	2000	1750	1550	1500
（3）加速转型情景									
装机容量 / 亿千瓦	1.0	1.5	2.0	2.5	2.5	2.5	2.0	1.5	1.0
含 CCS 装机容量 / 亿千瓦	0.0	0.0	0.0	0.0	0.0	0.5	1.0	1.0	1.0
发电量 /（万亿千瓦·时）	0.25	0.36	0.46	0.55	0.50	0.47	0.33	0.10	0.05
用气量 / 亿立方米	528	753	962	1150	1046	972	690	209	105
年利用小时数 / 小时	2532	2400	2300	2200	2000	1860	1650	667	500

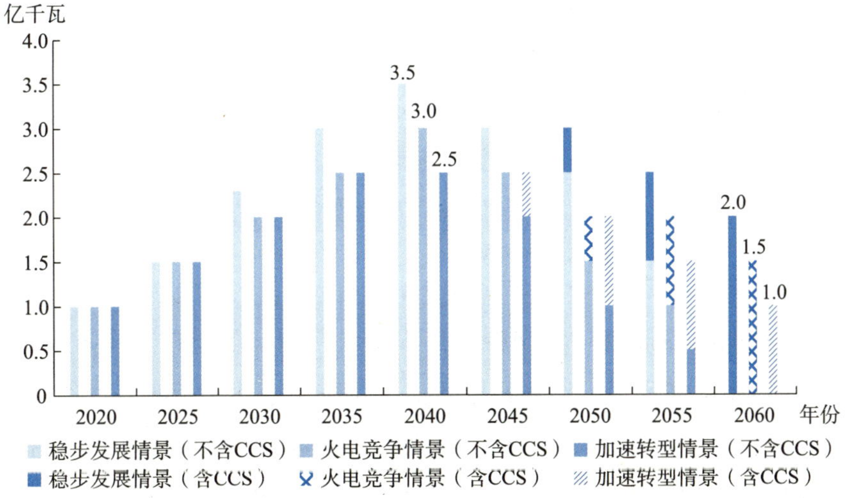

图 4-10　不同情景下气电装机规模发展趋势对比

（1）稳步发展情景

在该情景下，水电、核电、煤电等传统电源保持稳定发展节奏，电力系统对支撑性、调节性电源需求旺盛，为天然气发电创造了广阔空间。全国气电装机规模预计在2040年前后达到峰值，约3.5亿千瓦，发电量同步达峰，峰值约0.84万亿千瓦·时。随后，随着能源结构调整，气电装机与发电量逐步下降，到2060年仍将保留2亿千瓦机组。气电年利用小时数呈现先升后降趋势，远期降至1600小时左右。该情景下，气电在近中期兼具调节与电力电量支撑双重功能，远期则主要承担调节功能，是三种情景中气电发展空间最大的模式。

(2）火电竞争情景

受煤电近中期积极发展、远期缓慢退出的影响，气电发展空间受到一定挤压，但新能源快速发展又凸显了气电的调节优势。全国气电装机规模预计于2040年前后达峰，峰值约3.0亿千瓦，发电量同步达峰，峰值约0.66万亿千瓦·时。后续装机与发电量逐步缩减，2060年电力系统将保留1.5亿千瓦气电机组。气电年利用小时数将逐年下降，远期将降至1500小时左右。此情景下，气电发展空间居中，主要定位为调节电源，在负荷高峰时顶峰发电保障供电安全，在负荷低谷时快速调降出力，为新能源消纳腾挪空间。

(3）加速转型情景

为提前5年实现电力部门碳中和目标，风电、光伏、水电、核电等非化石能源发展规模在三种情景中最大，因此气电作为排碳火电机组，其发展空间受限，需稳步推进。全国气电装机规模预计在2035年提前达峰，峰值约2.5亿千瓦，发电量同步达峰，峰值约0.55万亿千瓦·时。此后装机与发电量持续下降，2060年仅保留1.0亿千瓦机组。气电年利用小时数逐年锐减，远期降至500小时左右。该情景下，气电发展空间最小，近中期以调节功能为主，远期兼具调节与应急备用功能，仅在电力供应紧张时段启动，承担平衡高峰负荷、保障电力安全的重任。

2. 碳中和目标下气电发展的挑战与路径

（1）气电碳排放带来的碳中和压力

尽管天然气发电是最为清洁的化石能源发电方式，但仍不可避免地产生二氧化碳排放。随着气电装机容量与发电量持续增长，其碳排放量也将随之攀升，这无疑加剧了电力部门实现碳中和目标的难度，使得气电在能源转型中的角色面临更多挑战与审视。

（2）气电减碳的技术路径选择

从当前技术发展趋势来看，掺氢 / 纯氢燃烧以及加装 CCS/CCUS 设备是实现远期气电减碳的核心技术路径。由于本章模型已对氢能发电进行单独考量，因此常规天然气发电主要依赖加装 CCS/CCUS 设备来达成碳减排目标，通过捕集、封存或再利用燃烧过程中产生的二氧化碳，降低其对环境的影响。

（3）不同情景下气电减碳的技术需求

在稳步发展、火电竞争及加速转型三种情景下，到 2060 年电力系统仍将保留 1 亿 ~2 亿千瓦的气电机组。为确保电力部门实现碳中和，这些机组均需加装 CCS/CCUS 设备。其中，稳步发展情景因气电装机规模与发电量最大，对 CCS/CCUS 技术的依赖程度也最高，凸显该情景下气电减碳的技术需求更为迫切。

（4）气电发展规模的综合考量

在碳中和目标的约束下，天然气发电的发展空间不仅受电力供需关系影响，更与减碳技术的进步程度紧密相关。未来气电发展需统筹电力供应安全、绿色低碳转型、经济承受能力等多重目标，科学规划适宜的气电发展规模与建设时序，在保障能源安全的同时，推动电力行业向零碳方向稳步迈进。

第二节 “双碳”目标下天然气发电的战略定位

通过第一节电力系统低碳转型路径分析，研究了不同情景下天然气发电的发展空间以及在电力系统中发挥的支撑、调节、应急备用等作用，从而得出“双碳”目标下天然气发电的战略定位，可总结为调节性、补充性和区域性三大定位，如图 4-11 所示。

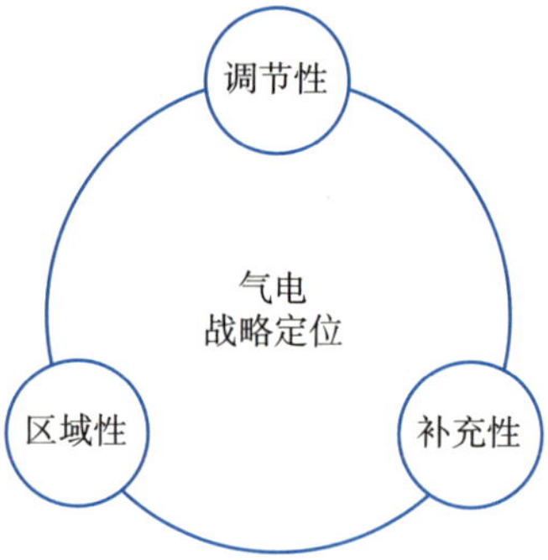

图 4-11 “双碳”目标下天然气发电的战略定位

一、调节性战略定位

气电是电力系统和天然气系统连接的重要纽带，因其快速启停、灵活调节等特点，在电力系统和天然气系统中发挥着重要的“双调节”作用。

（一）电力系统的灵活调节电源

气电作为电力系统中重要的调节资源，能够精准匹配复杂多变的用电需求。在用电高峰或新能源发电不足时，气电可迅速提升发电功率，填补电力缺口，保障供电可靠性；在用电低谷或新能源大额发电时，气电又能快速降低出力，甚至停机，为风光等新能源让出消纳空间，有效减少弃风弃光现象。特别是面对“晚峰无光”“极热无风”等新能源出力与用电负荷错配问题，以及电力系统净负荷在早晚高峰、午间和深夜时段的剧烈波动，气电凭借分钟级响应速度，能够实时跟踪负荷变化，成为维持电力系统稳定运行的关键力量。

（二）天然气系统的重要调节用户

在天然气系统中，气电扮演着压力稳定“调节器”与供需平衡“蓄水池”的双重角色。由于天然气管道运行对压力、流速、流量等参数要求严苛，气电可根据管道压力动态调整用气量：气压过高时加大发电消耗气量，气压过低时减少用气以维持管存稳定，保障输气网络安全运行。此外，针对天然气消费季节性差异（如冬季用气高峰与全年稳定供应的矛盾），气电通过灵活调整发电计划，实现跨时段、跨季节的用气调节，有效缓解储气设施压力，降低储气成本，成为优化天然气资源配置的重要手段。

二、补充性战略定位

气电的发展受多种因素限制，如气源的稳定性、气价的波动、装备制造水平以及运营维护成本等，这些因素使得气电在未来大规模发展存在一定难度。但在当前的能源形势和发展目标下，气电又有着独特的补充性战略价值。

（一）应对碳减排与国际舆论压力

我国已明确提出“双碳”目标，在这一背景下，作为高碳能源的煤电发展面临严格的碳排放约束。同时，全球能源绿色低碳转型加速，国际上“退煤”趋势明显，舆论压力也对我国煤电发展形成一定制约。而气电作为最清洁的化石能源发电方式之一，其度电碳排放量仅为煤电的一半，在国际社会获得了较高的认可度。因此，在“双碳”目标下，我国发展气电所面临的国际舆论阻力相对较小，这为气电发展提供了有利的外部环境。

（二）满足近中期电力需求

在近中期，我国用电需求仍处于快速增长阶段，仅依靠风电、光伏、水电、核电等非化石能源，难以完全满足新增的电力电量需求。此时，火电作为电力系统的支撑性电源仍有发展的必要。气电凭借运行灵活、启停快速、清洁低碳等优势，可作为煤电的“补充电源”和“替代电源”，在一定程度上获得发展空间。它能够在保障电力电量平衡、确保电力安全供应方面提供更多的选择，弥补非化石能源发电的不足。

（三）维护电力系统稳定

气电作为传统火电的一种，属于典型的同步交流电源。它不仅能够为电力系统提供电力电量，还在电压、频率、功率等方面具有支撑作用。在电力系统运行过程中，气电对于维护系统的暂态稳定有着重要价值，有助于保障电力系统的安全可靠运行，这是其作为“补充电源”的重要意义所在。

三、区域性战略定位

受资源分布、环保政策、成本承受力等多重因素影响，我国天然气发电呈现显著的区域差异化特征，在东西部地区依据不同需要，充分发挥支撑、调节、备用等多元功能，适配新型电力系统建设需求。国家政策明确指出，在气源有保障、气价可承受、调峰需求大的地区，应合理布局调峰气电项目，最大化发挥燃气机组快速启停优势，增强电力系统短时顶峰与深度调节能力。

（一）东部地区：绿色转型的重要支撑

京津冀、长三角、珠三角等东部经济发达地区，面临严苛的大气污染防治和碳排放约束，传统化石能源发展受限。但这些区域经济活跃度高，电价承受能力强，且进口天然气资源供应稳定。在此背景下，适度发展气电可作为本地支撑性能源，既能满足区域经济社会发展的电力需求，又能凭借其清洁低碳属性，助力实现绿色低碳转型，平衡能源供应与生态保护的双重目标。

（二）西部地区：新能源消纳的关键保障

在广袤的西部地区，风电、光伏等新能源大规模开发，对电力系统调节能力提出更高要求。特别是"沙戈荒"大型风光基地建设及跨省跨区特高压输电通道运营，亟须配套足量调节电源。以青海为例，依托本地资源优势，因地制宜建设天然气调峰电站，推动气电与风光发电协同运行、融合发展，可有效提升新能源消纳效率，保障输电通道稳定安全运行，为新能源规模化发展提供坚实支撑。

第五章

“双碳”目标下天然气发电的发展路径及政策建议

第一节 天然气发电的发展路径

随着新型能源体系建设的加速推进，风电、光伏等新能源将持续大规模发展，同时全国用电需求也保持着较快的增长速度。在此背景下，天然气发电在启停调峰、快速爬坡、短期建设和长时调节等方面的比较优势将越发明显。在近中期，气电仍将是我国重要的支撑性和调节性电源，对于保障电力系统的稳定运行起着关键作用。

为更好适应“双碳”目标要求，推动我国天然气发电实现高质量发展，需从优化空间布局、创新发展模式、提高数智水平、参与市场交易、推进低碳改造等五个方面明确其发展路径，如图 5-1 所示。

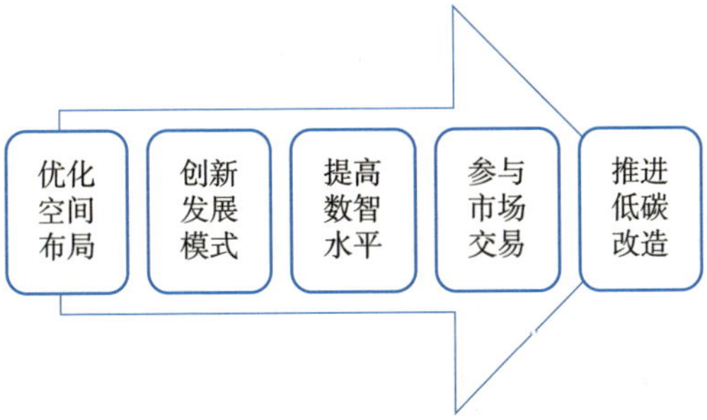

图 5-1 “双碳”目标下天然气发电的发展路径

一、优化空间布局

（一）气电发展机遇与布局目标

2035 年前是天然气发电发展的关键窗口期。在加快构建新型能源体系和新型电力系统的大背景下，各地区应抓住这一机遇，依据自身实际需求建设天然气发电项目。通过充分发挥气电的支撑、调节以及补充备用等功能，进一步优化其空间布局，有计划地扩大气电装机规模，以更好地适应能源发展的新形势。

（二）负荷中心的气电布局策略

京津冀、长三角和珠三角等地区具有气源供应相对有保障、气价在可承受范围且环保要求较高的特点，同时也是重要的负荷中心。结合当地能源绿色转型的进程以及电力安全保供的实际需求，应因地制宜地开展“气电替代”行动。通过逐步缩小煤电装机规模，提高清洁能源在能源消费结构中的比重，实现能源结构的优化升级，推动地区能源的可持续发展。

（三）西北地区的气电布局策略

在我国西北地区，新能源发展速度较快，同时面临着较大的调峰需求，且储能和调节资源相对较少。基于此，结合大型风电光伏基地的建设需求，适度布局天然气调峰电站。通过促进气电与风电、光伏发电以及新型储能和调节技术的协同发展，有效提升电力系统的综合调节能力，为新能源的大规模发展和顺利并网消纳提供有力支持，从而实现该地区能源的合理配置和高效利用。

二、创新发展模式

（一）气电类型及综合能源服务定位

天然气发电存在多种类型，如大型燃气—蒸汽联合循环机组、单循环机组、分布式机组等。这些不同类型的气电不仅能够与大型新能源基地协同发展，还可以灵活地部署在工业园区等用户侧区域，是分布式冷—热—电“三联供”等综合能源服务的重要组成部分。

（二）统筹规划气电发展类型方向

结合天然气发电的战略定位及其在能源系统中的功能作用，需要对气电的发展类型进行统筹规划。推动燃气轮机朝着单循环和联合循环相结合、大型和中小型并重、集中式与分布式并存的方向发展，以适应不同的能源需求和应用场景。

（三）集中式大型燃气电厂的建设策略

在规划建设集中式大型燃气电厂时，要充分发挥不同类型气电机组的优势。单循环机组具有组装建设速度快、启停灵活、爬坡迅速的特点；燃气—蒸汽联合循环机组则在能源利用效率、规模效益和运行成本方面表现出色。根据具体的发电、调峰、供热等不同需求，合理选择最适宜的气电类型，实现资源的优化配置和高效利用。

（四）分布式天然气发电项目的发展模式

在有规模热（冷）负荷的工业园区、城市开发区、空港新区等用能集中区域，适度规划建设分布式天然气发电项目。通过采用新能源与分布式气电联营、源网荷储一体化、智能微电网、综合能源系统等多种形式，积极探索天然气发电的融合发展新模式，提高能源的综合利用效率，满足用户多样化的能源需求。

三、提高数智水平

（一）数智技术发展为气电转型提供支撑

现代传感、高速通信、人工智能、数字孪生、边缘计算等先进数字信息技术发展迅猛，为传统能源电力行业的数字化转型提供了有力的技术支持。这些技术将不断增强天然气发电在感知、执行、控制和优化等方面的能力，使其能够更好地满足灵活智能的新型电力系统的需求。

（二）气电厂数字化、智能化建设措施

需加速推进天然气发电厂的数字化、智能化进程。积极应用先进传感器、工业物联网、自动控制、大数据分析等技术，构建气电机组燃烧、发电、能耗、碳排放等综合监测系统。同时，强化对机组部件及材料状态的监测，实现精细化的燃料管理、可视化的智能巡检以及数字化的发电运行等智慧应用。通过这些举措，有效提升燃气电厂的运营效率和管理水平，使其在能源生产过程中更加高效、智能。

（三）优化气电运行方式促进协同运行

要着力优化天然气发电的运行方式。借助智能燃烧、智能控制、智能管理等手段，紧密跟踪电力系统和天然气系统的调节需求。通过提高气电机组的顶峰能力、爬坡和启停速率，充分发挥气电在两个系统之间的纽带作用，进一步推动电力系统和天然气系统的协同运行，实现能源系统的整体优化和高效运作。

四、参与市场交易

（一）能源市场化改革背景与机遇挑战

近年来，我国加快推进全国统一大市场建设，能源领域市场化改革成果显著。多层次、多品种、多时间尺度的电力市场体系逐步完善，全国碳市场正式运行，市场机制在资源配置中的决定性作用日益凸显。这一变革为天然气发电带来双重影响：既是发挥多元价值、拓展发展空间的机遇，也对气电企业的市场化运营能力提出挑战，亟须建立市场化运营理念，通过市场化交易释放气电潜力。

（二）融入电力市场的交易优化路径

天然气发电需深度融入全国电力市场建设，全面参与中长期、现货及辅助服务等多类型市场交易。针对气电作为支撑性、调节性电源的定位，应重点发挥其启停灵活、调节迅速的优势，积极参与调频、调峰、备用等辅助服务市场。通过优化交易分配方式与策略，既保障电力系统稳定运行，又拓展收入来源，推动气电可持续发展。例如，在负荷峰谷波动大的时段，灵活调整参与现货市场、调峰市场等的交易策略，实现经济效益与电力保障的平衡。

（三）参与碳市场的管理提升举措

面对我国能耗“双控”向碳排放“双控”转型的趋势，天然气发电企业需主动参与全国碳排放权交易市场。通过强化碳排放核算工作，提升碳资产管理能力，精准掌握企业碳排放量与减排潜力。同时，动态优化碳市场交易策略，在配额分配、碳资产交易等环节争取主动权，将碳减排压力转化为技术升级与绿色发展的动力，助力企业在低碳转型过程中实现效益增长。

五、推进低碳改造

（一）低碳改造的必要性

天然气虽然属于清洁能源，但终归是排放二氧化碳的化石能源，碳中和阶段无论是天然气还是天然气发电都将面临更加严格的碳排放约束。为此，需充分认识气电仍消耗化石能源、产生碳排放的现实，提前谋划布局气电减排降碳新技术，为远期气电发展赢得更大空间。

（二）燃气轮机掺氢发电的路径

天然气与氢气物理属性相近，可混输混用、互为补充，利用燃气轮机掺氢发电是降低气电碳排放的重要途径。需结合可再生能源制氢，积极开展燃气轮机掺氢、纯氢发电的技术研究和示范应用，分阶段逐步提升机组掺氢比例，推动天然气发电与氢能利用融合发展、平稳过渡。

（三）CCUS 技术的应用

全球应对气候变化背景下，CCUS 被视为化石能源利用的关键脱碳技术选择。尽管天然气发电二氧化碳浓度较低、捕集成本较高，但 CCUS 仍是气电减排的重要技术路线之一，应加强“气电 +CCUS”的技术研发攻关和示范应用，为碳中和阶段的气电发展争取更大的碳减排空间。

第二节 政策建议

一、优化战略布局

天然气发电作为技术成熟、启停灵活的调节性电源，是构建新型电力系统的重要组成部分，也是提升电力系统调节能力和保障区域电力安全的有效选择。同时，天然气消费的季节性峰谷差显著，通过调节天然气发电出力可实现对天然气系统的调峰，部分替代储气设施功能，发挥其在电力和天然气系统中的“双调峰”作用。优化战略布局建议如下。

一是在国家“有序发展天然气发电，因地制宜建设调峰电站”原则指导下，加强气电建设规模、空间布局和发展路径的顶层设计，统筹协调气电与煤电灵活性改造、抽水蓄能、新型储能等技术的发展节奏。

二是鉴于我国天然气资源禀赋不足、进口依存度高的现状，优化天然气利用方向，引导消费增量向发电领域集中，适度增强天然气消费弹性，降低能源安全风险。

二、统筹气源保障

气源是制约天然气发电发展的关键因素之一。作为最清洁的化石能源之一，“十五五”及未来一段时间，天然气消费仍将保持增长态势，其中发电用气是带动天然气消费增长的主要动力。为此，需加强资源统筹，保障气电燃料供应安全，更好支撑气电高质量发展。

一是加强海外气源的战略主导性掌控与可获得性保障，扩大优化进口气来源，从产、运、储、销全产业链强化与重点资源国的战略合作，保障天然气总量供应稳定。

二是提前研判国内天然气供需形势，做好LNG长协合同签订工作，密切跟踪国际天然气现货市场波动情况，及时调整天然气购买计划和交易策略。

三是加强储气库等基础设施建设，在冬季等用气高峰时段做到"应储尽储"，提高气源保障能力。

四是加强燃气电厂与供气企业的沟通对接，帮助燃气电厂签订足额的天然气长期供应合同，提高燃料供应保障能力。特别是在迎峰度夏、迎峰度冬等高峰用电时期，保障气电的燃料供应充足，确保气电在电力保供关键时段发得满、顶得上。

五是建立完善电力系统与天然气系统联合调度机制，统筹电力调峰与天然气调峰需求，避免出现"顶峰发电时无气源""销库存时无发电空间"等矛盾。

三、畅通成本疏导

目前气电的燃料成本占比高达80%，气价和电价倒挂成为影响气电发展的突出矛盾。建议从价格、市场等方面进一步完善气电成本疏导机制，保障气电行业健康发展。

一是持续深化气电上网电价市场化改革。在总结煤电、抽水蓄能等两部制电价实施成效的基础上，在全国建立适应各类型电源的统一容量电价机制，形成容量电价体现顶峰价值、回收固定成本的定价方法。在此之前，支持各地借鉴长三角等地气电两部制电价政策，因地制宜推广气电容量电价，科学设定气电容量电价补偿标准，并逐步过渡到通过竞争性配置方式确定或容量市场形成。

二是完善气、电价格联动机制。考虑不同类型气电机组的性能和能耗差异，科学制定、动态优化气电价格联动调整标准和计算方法，适当增加调整频次，进一步理顺一次、二次能源价格传导机制。

三是加快全国统一电力市场建设。推动天然气发电全部进入电力市场，优化现货市场规则，扩大现货市场范围，丰富辅助服务交易品种，完善调频、备用、快速爬坡等辅助服务市场机制，通过各类型市场化交易体现气电的多元价值。加强电力市场与碳市场的耦合衔接，探索形成可体现气电清洁、低碳等环境价值的市场化价格机制，进一步提升气电企业的综合收益。

四、强化科技创新

加快技术革新、增强自主创新能力是破解我国气电严重依赖进口难题、推进气电产业链供应链发展的核心支撑。建议进一步加大气电核心技术研发投入力度，提前部署气电减碳、脱碳等关键前沿技术研究，更好支撑气电产业高质量发展。

一是持续推动燃气轮机基础理论研究，设立气电领域国家级重大科技专项，在整机设计、热部件材料制造及冷却和隔热涂层等关键技术方面加大研发力度，集中力量突破气电领域“卡脖子”技术，提高气电关键设备和核心部件国产化水平。

二是联合发电企业、装备制造企业、研究机构、高等院校等，成立气电科技创新研发平台，加强产学研深度合作，加快推动重型燃气轮机、天然气掺氢燃烧、“气电 +CCS/CCUS”等关键核心技术突破，提高我国气电技术自主研发水平，力争引领气电低碳技术发展。

三是提高气电设备自主监测、维护、检修和异常诊断能力，加快推动本地化维修进程。针对故障率较高的设备部件，提前做好燃气电厂主、辅机的备品备件工作，避免因备品备件不足而导致气电机组故障停机，进一步提高气电长周期运行安全系数。

重要术语索引

参考文献

［1］习近平．在第七十五届联合国大会一般性辩论上的讲话［N］．人民日报，2020-09-23（3）．

［2］新华网．习近平主持召开中央财经委员会第九次会议强调推动平台经济规范健康持续发展　把碳达峰碳中和纳入生态文明建设整体布局［EB/OL］．www.xinhuanet.com，2021-03-15.

［3］新华网．习近平在气候雄心峰会上的讲话［EB/OL］．www.xinhuanet.com，2020-12-12.

［4］杨琨鹏，王怡．统筹能源安全保障和绿色转型发展——访国家能源局党组书记、局长章建华［J］．中国电业，2021（5）：4-5.

［5］史丹，薛钦源．中国一次能源安全影响因素、评价与展望［J］．经济纵横，2021，4（1）：2，31-45.

［6］史丹．能源工业改革开放30年回顾与评述［J］．中国能源，2008（6）：5-12.

［7］周凤起，王庆一．中国能源五十年［M］．北京：中国电力出版社，2012.

［8］朱彤．中国能源工业七十年回顾与展望［J］．China Economist，2019，14（1）：34-65.

［9］朱怡，莫非．国网能源研究院院长、党委书记张运洲：新型电力系统将带来革命性影响［N］．中国电力报，2021-04-20（3）．

［10］全国统一电力市场发展规划蓝皮书［M］．北京：中国电力出版社，2024.

[11] IEA. Net zero by 2050–A roadmap for the global energy sector [R]. 2021.

[12] WISER R, RAND J, SEEL J, et al. Expert elicitation survey predicts 37% to 49% declines in wind energy costs by 2050 [J]. Nature Energy, 2021: 1–11.

[13] IEA, OECD–NEA. Projected costs of generating electricity [R]. 2020.

[14] GASSER P A Review on energy security indices to compare country performances [J]. Energy Policy, 2020 (4): 31–48.

[15] PRAMBUDIA Y, NAKANO M. Integrated simulation model for energy security evaluation [J]. Energies, 2012 (12): 5086–5110.

[16] VALDES J. Arbitrariness in multidimensional energy security indicators [J]. Ecological Economics, 2018 (145): 263–273.

[17] BELLO MUFUTAU OPEYEMI, SOLARIN SAKIRU ADEBOLA. Searching for sustainable electricity generation: The possibility of substituting coal and natural gas with clean energy [J]. Energy & Amp, Environment, 2022, 33 (1): 64–84.

[18] DANESHGAR SAREH, ZAHEDI RAHIM. Optimization of power and heat dual generation cycle of gas microturbines through economic, exergy and environmental analysis by bee algorithm [J]. Energy reports, 2022 (8): 1388–1396.

[19] KIM HYERIM, KIM TONGSEOP. Optimization of sizing and operation strategy of distributed generation system based on a gas turbine and renewable energy [J]. Energies, 2021, 14 (24): 352–363.

[20] 卓振宇，张宁，谢小荣，等 . 高比例可再生能源电力系统关键技术及发展挑战 [J]. 电力系统自动化，2021，45 (9)：171–191.

[21] 李政，陈思源，等 . 碳约束条件下电力行业低碳转型路径研究 [J]. 中国电机工程学报，2021，41 (12)：3987–4001.

[22] 朱兴珊，樊慧，朱博骐，等 . “双碳”目标下中国天然气发展的关键

问题［J］. 油气与新能源，2022，34（1）：13–19.
［23］张建平，王富平，梅琦，等. 天然气与新能源融合发展路径研究［J］. 国际石油经济，2022，30（1）：51–58，100.
［24］马业超，杨真子，王远航. 能源转型下天然气产业发展前景及启示［J］. 石油石化绿色低碳，2021，6（6）：1–4.
［25］郭华璋，罗歆尧，张红梅. 我国气电产业发展的潜力、挑战与推进措施［J］. 天然气技术与经济，2021，15（5）：75–82.
［26］黄龑，赵文轸. 推进中国天然气与可再生能源融合发展的思考［J］. 世界石油工业，2021，28（4）：38–43.
［27］王震，孔盈皓，李伟. “碳中和”背景下中国天然气产业发展综述［J］. 天然气工业，2021，41（8）：194–202.
［28］王晓庆，刘伟，罗慧慧. “双碳”目标下中国天然气行业发展机遇与挑战［J］. 国际石油经济，2021，29（6）：35–42.
［29］赵岩. “十四五”天然气发电发展与竞争路径建议［J］. 中国电力企业管理，2020（31）：39–41.
［30］陈蕊，朱博骐，段天宇. 天然气发电在我国能源转型中的作用及发展建议［J］. 天然气工业，2020，40（7）：120–128.
［31］国务院新闻办公室. 中国的能源转型［M］. 北京：人民出版社，2024.
［32］中国电力企业联合会. 中国电力行业年度发展报告：2024［M］. 北京：中国电力出版社，2024.
［33］刘凡. 多元调节体系有力支撑新型电力系统建设［J］. 中国能源，2024，46（3）：38–46.
［34］电力规划设计总院. 中国电力发展报告 2023［M］. 北京：人民日报出版社，2023.
［35］电力规划设计总院. 中国电力发展报告 2024［M］. 北京：人民日报出版社，2024.
［36］袁家海，席星璇，孟之绪，等. 中国电力系统灵活性的多元提升路径研究［D］. 北京：华北电力大学，2020.

［37］袁家海，张健，孟之绪，等．电力系统灵活性提升：技术路径、经济性与政策建议［D］. 北京：华北电力大学，2022.

［38］水电水利规划设计总院，中国水力发电工程学会抽水蓄能行业分会．抽水蓄能产业发展报告 2023 年度［M］. 北京：中国水利水电出版社，2024.

［39］徐若晨，张江涛，刘明义，等．电化学储能及抽水蓄能全生命周期度电成本分析［J］. 电工电能新技术，2021，40（12）：10–18.

［40］中关村储能产业技术联盟．储能产业研究白皮书 2024［R］. 2024.

［41］电力规划设计总院．中国新型储能发展报告 2024［M］. 北京：人民日报出版社，2024.

［42］梁宏博，陈泓宇，张旭彪，等．新型储能技术进展及应用分析［J］. 水电与抽水蓄能，2024，10（2）：27–33.

［43］李海，刘凡，田磊，等．新型能源体系建设背景下天然气发电何去何从？［J］. 中国电力企业管理，2024（19）：21–23.